盟約與誡命

Covenant and Commandment

基督徒生活中的善行、順服和忠信

Works, Obedience, and Faithfulness in the Christian Life

著　布拉得利 · 格林（Bradley G. Green）

譯　張陳潔

贤理·璀雅
LATREIA PRESS

作者／布蘭得利 · 格林（Bradley G. Green）
英譯／張陳潔
審校／何一洲，宋新歌，余日新
中文校對／曾雪儀，謝文東
中文書名／盟約與誡命——基督徒生活中的善行、順服和忠信
英文書名／Covenant and Commandment: Works, Obedience, and Faithfulness in the Christian Life
從屬英文系列／New Studies in Biblical Theology
英文系列主編／唐納 · 卡森（D. A. Carson）

策劃／李詠祈
裝幀設計／冬青
出版／賢理 · 璀雅出版社
地址／英國蘇格蘭愛丁堡
網址／ https://latreiapress.org
電郵／ contact@latreiapress.org
繁體中文初版／ 2023 年 11 月

ISBN：978-1-913282-52-3

目 錄

系列序

「聖經神學新研究」（New Studies in Biblical Theology）是處理聖經神學這門學科裏重要議題的一套專著系列。該系列致力於以下三方面中的一個或多個：（1）聖經神學的本質和現狀，包括它與其他學科間的關係（例如：歷史神學、釋經學、系統神學、歷史批判以及敘事神學）；（2）說明和闡述特定《聖經》作者或經卷（corpus）的思想架構；（3）描述貫穿整本或部分《聖經》經卷的聖經主題。

最重要的是，對於愛思考的基督徒，這些專著別出新意，可助讀者更好地理解《聖經》。本系列旨在於指導的同時造就，不僅與當前的文獻互動，也更指明前路。在神眼中，頭腦和心靈不可分割：在本系列中，我們試圖不將神所配合的分開。雖然腳注與最好的學術文獻互動，但正文部分少有未翻譯的希臘語和希伯來語，並盡量避免使用過多的專業術語。該系列的作品都在福音派信仰框架之內，但也不斷嘗試與延伸的相關作品進行啓發性的互動。

本書對「聖經神學新研究」的貢獻不同尋常。它既不停留於解決某經卷或經文的特定神學，也非查考整卷《聖經》中某一狹隘主題。反之，它圍繞一個深廣的議題，即善行、順服和忠信在信徒生命中的地位，穿針引線從亞當、夏娃直到新天新地聯貫整本《聖經》。對基督徒而言，認識耶穌、承認祂是主，自然引向順服祂。但這結論與諸多相互匹配的議題間有何聯繫呢？為回答該問題，格林博士探討了一系列主題，其多樣性頗為驚人：例如，在耶利米書和以西結書對新約的應許中所預期的聖靈賜予的順服；舊約和新約間的各種關係；最重要的是，在處理稱義和生命改變之間的關係時，與基督聯合的中心地位。格林博士在此與改革宗傳統中的許多作者進行了互動，當然也有一些當代的學者［例如，亨利 · 布洛徹（Henri Blocher）、賴特（N. T. Wright）］。格林博士所揮筆的場域大到足以吸引廣大讀者；所有讀者都會發現自己被激發去更精准地思考這些議題，縱使他們不認同格林博士論證的一些內容。

卡森（D. A. Carson）

美國三一神學院

（Trinity Evangelical Divinity School）

作者序

多年來，我一直對本書的核心主題：善行、順服和忠信在基督徒生命中的地位，頗感興趣。我很感恩能有機會研究這些課題，並能試圖釐清一些非常棘手的問題。與此同時，我也感謝許多團體和個人促成了本書的問世。

我教授神學的聯合大學一直支持我的學術研究。行政部［大衛・達寇里（David Dockery）、卡拉・桑德森（Carla Sanderson）、吉恩・範特（Gene Fant）、吉姆・派特森（Jim Patterson）］，我的同事，神學與宣教學院的兩位優秀助理［克利斯蒂（Christy Young）和瑪麗安娜（Marianna Dusenberry）］和董事會在許多方面給予了幫助。謝謝你們所有人。感謝前主任葛雷格・桑伯裡（Greg Thornbury）給予的極大鼓勵。好些人閱讀了本書的部分章節，他們的回饋使我受益匪淺。我要感謝德斯蒙德・亞歷山大（Desmond Alexander)、亨利 · 布洛徹(Henri Blocher)、理查德 · 葛富恩(Richard Gaffin)、西蒙 · 加斯科爾(Simon Gathercole)、戴夫 · 戈貝特(Dave Gobbett)、格雷姆 · 高茲沃斯(Graeme Goldsworthy)、斯科特 · 哈費曼(Scott Hafemann)、保羅 · 赫爾姆(Paul Helm)、葛雷格·霍奇(Gregg Hodge)、托尼 · 萊恩(Tony Lane)、彼得 · 利法特(Peter Leithart)、饒柏 · 雷薩姆(Bob Letham)、安迪 · 麥高恩(Andy McGowan)、尼克 · 尼達姆(Nick Needham)、馬特 · 佩爾曼(Matt Perman)、羅伯特 · 斯隆(Robert Sloan)、卡爾 · 特魯曼(Carl Trueman)、雷 · 耐斯特(Ray Van Neste)和史蒂夫 · 威魯姆(Steve Wellum)。感謝邁克 · 加勒特(Mike Garrett)給予的極大幫助。他通讀了手稿,並使之符合《聖經神學新研究系列》的風格。跟約翰 · 吉布森(John Gibson)的多次對話促進、釐清了我對聖經神學的思考。還要感謝我的學生助理布拉德 · 博斯維爾(Brad Boswell)、德懷特 · 大衛斯(Dwight Davis)、安迪 · 福特納(Andy Fortner)、瑞恩 · 林科斯(Ryan Linkous)、凱麗 · 米哈伊柳克(Kelly Mikhailiuk)和埃裡克 · 斯密斯(Eric Smith)。

感謝 IVP(Inter-Varsity Press)出版社的優秀編輯菲爾(Phil Duce)的支持和耐心。我也很高興能與唐納 · 卡森(D. A. Carson)合作,我從開始研習神學時就受他的薰陶,他幫助了我建立對聖經神學的理解;再次感謝你，卡森教授。也感謝出色的文字編輯埃爾多 · 巴克惠森（Eldo Barkhuizen）。本書相當多部分寫於住在英國劍橋的丁道兒研究所時。感謝彼得 · 威廉（Peter Williams）和所有住丁道兒研究所的人在聖經學術方面的支持。感謝我的家人一直以來的幫助，我的妻子戴安娜（Dianne）和我們的三個孩子迦勒（Caleb）、但以理（Daniel）和維多利亞（Victoria）給予我一如既往的鼓勵和歡樂。

最後，我要感謝聯合大學的學生。長期以來你們是本書思想的接受者。教導你們是一種喜悅，我感謝你們並將此書獻給你們。

布拉得利 · 格林
（Bradley G. Green）

前言

總體上，宗教改革的繼承者強調靠恩典得救，並且特別講求唯獨信心（*sola fide*）。這些是宗教改革時期在《聖經》教導上得當的恢復。被**上帝**稱義，乃是上帝恩典的作為；我們得稱為義是藉着信心而非行為——恢復這些核心真理，對教會極其重要。福音派顯然不得不頻繁地為稱義而「爭戰」，並且現今這個問題持續以有趣的方式繼續成為新教和天主教間的分野。與稱義相關，在解經和福音派教會生活裡的一個關鍵議題是：基督徒生活中善行、順服、或忠信的本質。福音派人士通常堅信，人是憑藉恩典（即**僅**靠恩典），而非行為，進入與《聖經》中的神之盟約關係中。然而，他們在解釋這盟約關係**之中的**行為或順服的本質時仍莫衷一是。我的觀點是：在這新約中，行為是神所激發的，是歸信者生命中**不可或缺**的部分，這是一貫穿新約的持續主題。（約十四 15, 21, 23；十五 10；羅二

13–14；十一 22；林前十五 2；腓二 12–13；來三 6；三 14；四 14；約壹二 3–6；三 24；五 3；啟十二 17；十四 12）。簡而言之，「行為」對於得救而言「必不可少」，因為新約其中一部分的「新」是新約的真正成員身上真實的、源於恩典且被恩典所激發的順服。所以，當新約經文在舊約經文背景下進行理解時，如耶利米書三十一章 31–34 節和以西結書三十六章 22–29 節（參：結十一 19；十八 31），我們會發現順服被視為新約所應許的一部分。

在激昂地宣揚**唯獨信心**的同時，宗教改革的繼承者對於在概念上確認順服的**必要性**時常會有掙扎。貝考維 (Berkouwer) 寫道:「人若開始思考『**唯獨信心**』——唯獨因信稱義——教義的深遠意義，他馬上要面對另一個問題，即這一重要概念是否會讓所有進一步的討論顯得多餘。」[1] 我的論點是，《聖經》中確實有經文，既肯定**唯獨信心**，也肯定善行、順服和忠信的必要性。

我們福音派教會的信徒也許驗證了貝考維的話。我們對確認某些核心真理，如**唯獨信心**，有恰當的關注；但對於什麼是過充滿順服的生活，對作為基督徒而言實際的信實究竟意味着什麼，卻未清楚教導。在宣稱耶穌付了一**切**代價的同時，又說**我們**必須得做點什麼——我猜想我們的困難正源於此。這是可以理解的，

---

[1] Berkouwer (1952): 17.

但若對此置若罔聞絕非明智之舉。的確有可靠的經文依據顯明，被恩典充滿和被恩典引發的善行、順服和信心這一聖經神學，是新約成員的身份——即何為基督徒——的重要組成部分。

清晰地知道爭辯內容，有什麼在爭論中，有什麼不在爭論中，這非常重要。全本《新約》都期待真實的順服。這個順服通常與「信心」和真實地愛耶穌相關。有人或許會爭辯說，許多經文**命令**人順服，但並不一定意味着真能做到順服。我們可稱其為（縱使有所刪節，但卻高亢的）「路德式」解讀。但全本《新約》對真實順服的命令和期待不可盡都如此解讀，認為**整本**《新約》以此種方式叫人順服，這樣的觀點只是在迴避問題。

此外，我並**不是**說順服的行為是自發的。如同腓立比書二章 12–13 節，我認為我們確實有行動、行善和順服，而同時也是神真實、有效且實質地引發和帶出來這種順服。我且要說，順服的能力至終源於十字架和源於福音本身（參：來十 10、14），且與我們和基督的聯合連繫在一起。

《新約》教導說，新約成員身上帶着印記，即真實的順服、真實的內在改變和聖潔。[2] 新約中有跡象顯

[2] 非常感謝 David Peterson 和他的精彩之作 *Possessed by God: A New Testament Theology of Sanctification and Holiness* (1995)。他令人信服地論證道，《新約》中關於成聖的教導強調什麼是有時被稱為決定性的成聖（definitive sanctification）

示「善行」或「順服」是受到期待的。約翰 · 歐文（John Owen）說：有另一種成聖和聖潔，其中分別為聖並非是首先發生的或人為的，而是其後的結果和效用。這（分別為聖）是真實和內在的，藉着向我們的本性傳遞了聖潔的原則，連同向神操練在行為和責任上的聖潔順服。這是我們必須首先考量的。[3] 賴爾（J. C. Ryle）說過類似的話：「得救的信心和真實的、帶來轉變的恩典，必定令人在某種程度上與耶穌的形象相一致。」[4]（西三 10）在談到信靠基督的人時，馬丁 · 路德會說：「所以罪不可能仍留在他裡面。這義是首要的，是真實的義（actual righteousness；或『實動的義』）的基礎、起因和來源。」[5] 路德又說：「這第二種義（在聖潔中真實的成長）是我們自身的義，不是單憑自己行出來的，乃是靠着第一種外來的義才行得出來。」[6] 的確，「第二種義是第一種義的產物，是其果實和果效。」[7] 在此

或地位上的成聖（positional sanctification）。儘管我認同《新約》（作者）在論及成聖時，時常考慮到決定性的成聖或地位上的成聖，但我也認為，在新約信徒身上會發生真實且轉換性的改變。信徒展現了真實的順服。此真實的順服紮根、產生於決定性的成聖。

3 Owen 1965, 3: 370.

4 Ryle 2002: 132.

5 Luther 1962: 88.

6 Ibid.

7 Ibid, 89. 路德在另一處寫道：「若信基督，我們就因祂的緣故，藉著信心被稱為絕對的義。耶穌死後，在另一生命

時當下，有真實、有意義且必要的順服——一個轉變了的生命所包含的，**我個人**的順服。這並非指完美的順服或全然恪守律法，乃指真實的順服，此順服：（1）源於十字架；（2）部分兌現了新約所應許的祝福（例如：耶三十一 31–34；結三十六 26–27）；（3）由《聖經》的神出於主權和恩慈所引發的。（例如：腓二 12–13）[8]

中，我們得著完全的義，即在我們裡面有絕對的義——這義我們現今只能憑基督功德的歸算而持有。」（Piper 2002: 13）路德說，信徒在肉身死後就得著了「完全的義」。信徒的罪被歸在基督身上，基督完美的義歸算於他們——對於信徒生命中是否有任何**真實**、**有意義**且**必要**的順服的存在，路德並未澄清。

[8] 特瑞金（Turretin）（1997, 2: 702–705）在 Institutes of Elenctic Theology 中問了一個問題：「善行對於得救是必要的嗎？」他的答案是：「我們確信。」它們不是在功德的意義上被需要，而是它們是救恩不可或缺的部分。特瑞金說：「善行是得救所需要的手段和途徑嗎？在此我們保留意見。」（702）確實，「得救必須要有善行的主張」毫無疑問地可以被誤解、誤用；「這主張仍可不具危險地被保留下來，只要能正確地被解釋。」（702–703）「儘管人們可能認為行為對得救而言毫無貢獻，但行為對於得到救恩仍該被視為必要的，因此沒有行為人們就不能得救……」特瑞金清楚地說：「雖然神藉著祂的特別的恩典，希望人的這些義務實是祂的賜福（祂在他們裡面實行出來），但如果信徒想要有份於盟約的祝福，他仍未被豁免不去觀察這些義務」（703）。對特瑞金而言，基督給我們順服他的自由：「基督讓我們脫離了嚴苛律法的咒詛，但沒有使我們脫離順服的職責 —— 順服是受造物不可缺少的。恩典也要求人順服。」（704）行為對於得榮耀來說是必要的，「善行猶如『途徑』之於目的（約 3: 5, 16；太 5: 8），『道路』

如下是對此書論點的總結。

第一章簡略地查考了若干《新約》經文，這些經文論及善行、順服和忠信在基督徒生活中的核心地位。我將其歸納分類，但仍難免顯得不完全。

在第二章中我試圖做兩件事。第一，查考《舊約》中預言了新約——又或者是預見發自內心的順服被描述為即將兌現的事實——的關鍵經文。我特地查考了尤其是耶利米書和以西結書中的許多《舊約》經文。我們在此看到新約的應許，並且新約的特徵之一便是由聖靈誘發，能有效地發生的內心順服的真實性。第二，我查考《新約》中的重要經文，這些經文一定程度上證實了新約的真實性，連貫於《舊約》對新約的應許以及《舊約》所描述關於發自內心的順服的種種應許。

我們將會看到，《新約》作者們認識到這些同樣關於新約的主題——即新約定有其特**新**之處。在第一世紀，人們顯然將新約看成是既定的事實。有趣的是，《舊約》許多經文和主題，尤其是耶利米書和以西結書，在《新約》中反覆出現。

在第三章中我擴展了聖經神學關鍵議題中的某些

之於標杆（弗 2: 10; 腓 3: 14），『撒種』之於收割（加 6: 7, 8），『初熟的果子』之於眾果子（羅 8: 23），勞力之於報酬（太 20: 1），『競賽』之於冠冕（提後 2: 4; 4: 8）。眾所周知，善行對於得榮耀而言至關重要、不可或缺。善行是如此重要，以至於無善行就得不著榮耀（來 12: 14; 啟 21: 27）」(705)。

部分，是本書必須觸及的。首先，我們提出了一個關於《聖經》正典連貫性和不連貫性的釋經學的問題，任一問題只有面對整本《聖經》才能得到有意義的解答。第二，我提出了一個（至少對新教徒而言）歷久不衰的問題，關於律法和福音的關係，以及《舊約》裡的聖徒得救的問題。第三，我提出為何最佳的選擇是認為恩典存在於整本《聖經》正典之中。

第四章論及善行、順服、忠信與贖罪之間的關係。儘管仔細考慮贖罪和救贖伊始之間的關係至關重要，我們**也**當充分思考贖罪和基督徒持續的生命之間的關係：這正在持續的生命必然包括善行、順服和忠信。

第五章探究了與基督聯合以及其跟善行、順服和忠信之間的關係。尤其，我們單憑信心與基督聯合，而非藉着行為；並且因着這一聯合，基督在我們心中成形。所以，我們應當期待看到基督徒生命中的善行、順服和忠信。

第六章涉及一個爭議的問題，即按行為審判的問題。雖然稱義對基督徒而言是已過的事實，但將來仍有根據行為的審判。

作為總結的最後一章，第七章提出全書中實際上有待解決的幾個問題。我特別回到伊甸園中的盟約的本質，信徒跟亞當及其墮落之間的關係，還有基督的順服與我們的順服之間的關係。

第一章

《新約》與善行、順服和忠信的實際性和必要性

善行、順服和忠信是信徒生活的中心，這在《新約》裡面是鐵定的事實。神期待祂的兒女順服祂，這在《新約》裡隨處可見。我無法一一細談《新約》中有關順服、行為或基督徒生命轉變的經文，就羅列了十四處重要經文（在隨後的小標題下展開）：

(1)	愛神或認識神與順服相連	約十四 15, 21, 23；十五 10；約壹二 3–6；三 22, 24；五 3；約貳 6；啟十二 17；十四 12
(2)	未來得救的「有條件的」本質	羅十一 22；林前十五 2；來三 6, 14；四 14
(3)	基督徒若要最終得救，必須「得勝」	來十 38–39；啟二 7, 11；三 5, 12, 21；二十一 7
(4)	更高的義的必要性	太五 20
(5)	律法的要求「在我們」身上成就	羅八 3–4
(6)	神會「在我們心中」有效運行，感動我們順服祂	腓二 12–13
(7)	靠聖靈的能力，治死舊人之必要	羅八 13–14
(8)	「信心」和「順服 / 行為」實質同義	帖後一 8；彼前四 17；啟十二 17；十四 12；參看六 9
(9)	我們憑我們的行為被真正審判和稱義	太七 21, 25；羅二 13；參：雅一 22–25

(10)	「信服真道」	羅一 5；十六 26；徒六 7
(11)	我們被造、被贖是為行善	林後九 8；弗二 10；多二 14（參：11–12）
(12)	信心透過仁愛發生功效	加五 6
(13)	律法得到肯定；基督的律法	羅十三 9；林前七 19；加五 14；六 2
(14)	行他們的父所行的事的人	約八 39

路德認為，基督徒的順服「必然伴隨」着稱義。[1] 加爾文認為，信心叫我們與基督聯合。這一聯合會流露出基督徒的善行和順服。加爾文又說：「在基督未使人成聖時，祂不會同時讓那人稱義。」[2] 我們先來看一些將愛神和認識神（或基督）與順服聯繫在一起的經文。本章並非要深入探討這些經文，而是要說明善行、順服和忠信在整本《新約》中的重要性。隨後幾章將詳細討論某些重要主題或段落。[3]

[1] 1537 年 6 月 1 日路德和克魯齊格（C. Cruciger）的公開辯論；引用雷恩博（Rainbow） 2005: 38。

[2] Calvin 1960: 3.3.1（593）；3.6.3（687）；3.16.1（798）；參考: 2.7.13（361–362）；3.19.9（840–842）；4.14.23（1299–1300）全援引於雷恩博（Rainbow）2005: 38。

[3] 第六章會具體談論關於將來審判、稱義方面的內容。

愛神或認識神與順服相連

若干經文將愛神、認識神與順服連在一起（或互為同義詞）。耶穌在約翰福音十四章 15 節說：「你們若愛我，就必遵守我的命令。」同樣，祂在約翰福音十四章 21，23 節說：

「有了我的命令又遵守的，這人就是愛我的。愛我的必蒙我父愛他，我也要愛他，並且要向他顯現。」……「耶穌回答說，人若愛我，就必遵守我的道。我父也必愛他，並且我們要到他那裡去，與他同住。」

約翰福音十五章 10 節以相似的口吻說，遵守誡命是活在基督愛中的**條件**：「你們若遵守我的命令，就常在我的愛裡。正如我遵守了我父的命令，常在他的愛裡。」約翰一書二章 3–6 節也有類似的教導：

> 我們若遵守他的誡命，就曉得是認識他。人若說我認識他，卻不遵守他的誡命，便是說謊話的。真理也不在他心裡了。凡遵守主道的，愛神的心在他裡面實在是完全的，從此我們知道我們是在主裡面。人若說他住在主裡面，就該自己照主所行的去行。

約翰一書三章 24 節也提到：「遵守神命令的，就住在神裡面。神也住在他裡面。我們所以知道神住在我們裡面，是因他所賜給我們的聖靈。」 在約翰一書

五章 3 節：「我們遵守神的誡命，這就是愛他了。並且他的誡命不是難守的。」（參約二 6）

啟示錄十二章 10–17 節稍有不同。「因羔羊的血，和自己所見證的道」，「控告者」被「征服」了。十二章 17 節中，這條龍發怒去與婦人的兒女爭戰，「就是那守神誡命，為耶穌做見證的。」注意，這裡談到的守神誡命和為耶穌做見證，未必是平等關係，但卻是共生關係。啟示錄十四章 12 節也有類似用法：「聖徒的忍耐就在此。他們是守神誡命和耶穌真道的。」[4]

簡而言之，《新約》的常見範式就是將愛耶穌或認識耶穌，與遵守祂的命令聯繫在一起。

未來得救的「有條件的」本質

一些論到持守得救的**條件**的《新約》經文特別有趣。該主題下很多內容都取決於我們**如何**理解「條件」。我們不該徑直奔向對「條件」的論述，尤其應該考慮到《聖經》的整個脈絡，以及一個人談論救贖時多大程度上會依賴於他／她對「條件」的理解。

然而，我們必須正視基督徒生命中似乎是必要的

---

[4] Aune 談到了遵守誡命和為耶穌作見證之間的關係：「從基督徒角度而言，神自古就有的命令當被視為與相信耶穌的要求互補，而非互相對立。這實質上是基督教信仰的定義。」（1998: 709）

「條件」。耶穌在馬太福音十章22節說：「並且你們要為我的名，被眾人恨惡，惟有忍耐到底的，必然得救。」保羅在羅馬書九至十一章對以色列人和外邦人的討論末尾時寫道：「可見神的恩慈和嚴厲。向那跌倒的人，是嚴厲的。向你是有恩慈的，只要你長久在他的恩慈裡。不然，你也要被砍下來。」（羅十一22）一些猶太人因不順服而被砍下來，因此保羅警告外邦信徒**也**必須「長久在祂的恩慈裡」。總之，持續在神的恩慈裡是不被砍掉的條件。

同樣，保羅在哥林多前書十五章1–2節概述福音的本質時寫道：「弟兄們，我如今把先前所傳給你們的福音，告訴你們知道，這福音你們也領受了，又靠着站立得住。並且你們若不是徒然相信，能以持守我所傳給你們的，就必因這福音得救。」這裡又一次提到，基督徒若要真正得救，必須「持守我所傳給你們的」。

希伯來書的兩處重要經文也闡釋了類似的事實。希伯來書三章5–6節說：「摩西為僕人，在神的全家誠然盡忠，為要證明將來必傳說的事。但基督為兒子，治理神的家。我們若將可誇的盼望和膽量，堅持到底，便是他的家了。」希伯來書三章14節說：「我們若將起初確實的信心，堅持到底，就在基督裡有份了。」

希伯來書兩處經文似乎指向同一點：我們必須「持守」（*kataschōmen*）「確信」［三6（現代中文譯本），和合本作「膽量」］，或「起初確實的信心」［三14（和合本）〕。「持守」顯然是持續信心的條件。這對基督徒生活而言**至關重要**。不論如何理解「靠恩典得救，稱義是憑信心而非行為」，只要是從《聖經》的角度理解救贖，我們就必須談論這幾節經文。

我們不應錯失希伯來書幾節經文裡頗為吸引人的事實。兩處經文皆認為，我們的現狀（某種意義上）取決於將來的事實。在希伯來書三章6節裡，我們**若**將因盼望而有的膽量和誇耀（和合本修訂版）堅持到底，我們**現在**便是神的家了。在希伯來書三章14節裡，**若**「將起初確實的信心堅持到底」，我們**現在**就在基督裡有份了。換言之，若**將來的條件或事實發生了**，即我們若將可誇的盼望和膽量堅持到底（三6）或將起初確實的信心堅持到底（三14），那麼**現在**我們就是神的家（三6）或在基督裡有份（三14）。在隨後章節中，我會更深入地解釋當如何思考這些「條件」（尤其在第四章）。但是這兩處經文十分蹊蹺，原因在於：在**某種意義上**，我們的現狀或我們與神的關係與將來的堅忍和忠信密切相關。[5] 希伯來書五章8–9節寫道：「他雖然為兒子，

---

[5] 布魯斯（Bruce）在評論希伯來書三章6節時說：「這卷書信談及條件的句子特別值得留意。」（1997: 94）金口若望（Chrysostom），狄奧多勒（Theodoret of Cyrus）和狄奧多若（Theodore of Mopsuestia）都對希伯來書三章14節進行了評論，儘管意見略有不同，但都論及與基督聯合。對金口若望而言，基督徒在此已經（同聖子）「享有本質」。狄奧多勒認為基督徒是「連與主基督」。狄奧多若談到，

還是因所受的苦難學了順從。他既得以完全，就為凡順從他的人，成了永遠得救的根源。」我們在此暫且不論耶穌「學了順從」（五 8）意思為何。但讀者理解，作者在此教導，通過耶穌的死（和復活？），祂得以「完全」了（五 9）。這位完全的祭司「就為凡順從他的人，成了永遠得救的根源」。請注意一件顯而易見的事實：耶穌確實成了永遠得救的根源，但僅僅是對於**凡順從祂的人**而言。我的論證的主旨是嘗試弄清楚怎樣能最好解析這種順服的本質。

基督徒若要最終得救，必須「得勝」

另有其它《新約》經文論及那些已經或必定「得勝」的人（或作「征服」conquer，希臘文是 *nikaō*）。「得勝的」是啟示錄反覆出現的疊句。例如，啟示錄二章 7 節：「得勝的，我必將神樂園中生命樹的果子賜給他吃。」啟示錄二章 11 節：「得勝的，必不受第二次死的害。」啟示錄二章 17 節：「得勝的，我必將那隱藏的嗎哪賜給他。」啟示錄二章 26 節：「那得勝又遵守我命令到底的，我要賜給他權柄制伏列國。」啟示錄三章 5 節：「凡得勝的，必這樣穿白衣。我也必不從生命冊上塗抹他

基督徒如何有分於基督的「本質」，並在其中得與祂本質上交融（引用 Heen 和 Krey 2005: 57）。與基督聯合的事實，或我們與聖子牢不可破的關係，對本書的核心論點很重要。

的名。且要在我父面前，和我父眾使者面前認他的名。」啟示錄三章 12 節和三章 21 節同樣提及「得勝者」。啟示錄二十一章 7 節說，「得勝的，必承受這些為業。我要作他的神，他要作我的兒子。」以上經文皆證實了同一核心真理：基督徒必須「得勝」；這別無選擇，是新的盟約生命—— 基督徒生命——的重要組成部分。[6] 啟示錄二章 7 節值得注意：得勝的，耶穌將「神樂園中生命樹的果子賜給他吃」。第一對夫婦被逐出樂園，失去了吃生命樹上果子的自由。[7]（創三 23–24）然而，將來「得勝的」將被賜予吃生命樹果子的自由。解經家一貫將「得勝」與基督的十字架相連。跟其他學者一樣，賴德（Ladd）寫道，此處提及的勝利「與基督自己贏得的勝利類似，儘管基督的勝利包含了十字架上的死」。[8] 然而，啟示錄二章 7 節（和其他附屬經文）中「得勝的」並非單指基督。顯然，約翰指的是**基督徒**，而且他們必須要成為「得勝者」。

---

[6] 針對約翰「得勝的」的措辭，凱爾德（Caird）說，「得勝者」就是「那始終堅持遵行基督旨意的人（ii. 26），他們的勝利與基督的得勝類似（iii. 21）」（1966: 33）。同樣地，關於「得勝者」［conquerors（Mounce：overcomer）］，孟恩思（Mounce）寫道：「是那些至死忠於基督的人，他們的得勝同基督在十字架上的得勝類似。」（1977: 72）

[7] 在他們**墮落之前**是否有吃生命樹的果子是另一個問題，將在下面進行討論。

[8] Ladd 1972: 40–41. 參看他的註腳 21。

這一得勝與福音本身相關，也與基督徒與基督的關係相關。意即，基督徒得勝是靠着基督和祂所成就的工作。信徒單憑信心與基督聯合，隨後豐富的生命實質流入信靠基督的人。唯獨領會信徒與基督緊密聯合，我們才能避免嚴重誤解被賜予吃生命樹果子的自由意味着什麼（啟二 7）。因着第一亞當的犯罪，「我們」被驅逐出樂園；因着第二亞當的順服，「我們」就得着了將來吃生命樹果子的自由。儘管「得勝者」**自己**得着了吃生命樹果子的自由，儘管**他們**必須要得勝，但探尋並肯定耶穌為我們得勝和我們最終得勝之間的關係，仍然非常重要。**單憑信心與基督聯合，形成牢不可破的連接，後者的得勝才會到來。**[9] 第五章我們將再次談論與基督聯合這一重要議題。

更高的義的必要性

現在我簡要地提到一些經文，它們講到基督徒有更高的義，或是一些經節談到饒恕人是將來得救的條

[9] Bauckham 1993: 212. 儘管包衡（Bauckham）的觀點有些不同，也沒有論及與基督聯合，但我的論點並非和他的完全不同。包衡贊同布萊克（M. Black）的觀點，認為啟示錄是基督教的「戰卷」（War Scroll）。布萊克強調**基督**作為戰士的角色，用「祂口中的劍」參與「聖戰」，包衡則強調在這場「聖戰」中**人類的參與**。「得勝」的經文表明基督徒自己當得勝，這點我認同。一切取決於我們如何將基督徒的「得勝」和主的「得勝」聯繫起來。

件。例如，耶穌在登山寶訓中說，他來不是要廢掉律法，乃是要成全（太五 17）。在肯定律法的重要性（這與《新約》的其他教導一致）之後，耶穌說：「我告訴你們，你們的義，若不勝於文士和法利賽人的義，斷不能進天國。」（太五 20）人們往往會說：「我們並不需要**真的**成為義。此處講的是**基督的**義。」耶穌所指或許更簡單——所有宣稱信靠基督名的人，必須要有超卓的義。這裡**不是僅僅簡單**指基督的義代表了我們的義（不論基督的義是多麼的重要！）。本書其他部分認為，我們身上義的增長源於神的恩典的實效，並賴於我們與基督的聯合。簡單訴諸「外來的義」會掩蓋《新約》的重要思想——**我們必須成為義**。換言之，當耶穌說我們的義必須勝於文士和法利賽人的義時，我們當行的不是僅指向基督的義。萊昂 · 莫里斯（Leon Morris）所言極是：「那些被耶穌觸及的人活在一個新的層面上，在那裡遵行神的誡命是重要的。」[10] 唐納德 · 哈格納（Donald Hagner）指出：「歸屬天國意味着要遵循耶穌的教導。」[11] 確實如此，我的責任就是具體闡述這一表述。卡森主張，儘管馬太福音並未試圖講明「義是如何被得着、養成、賦予……」，但義是必須的。[12] 如

---

[10] Morris 1992: 111. 儘管莫里斯（Morris）所言極是，但我不曉得他是否觸及問題的實質。

[11] Hagner 1993: 109.

[12] Carson 1984: 147.

前所述，基督徒生活中的任何義都始於福音——在信徒**之外**，**為**信徒而成就。馬太福音五章 20 節講的不僅是外來的義，那裡有和外來的義同樣重要的東西。

同樣，耶穌在馬太福音六章 14–15 節告誡說：「你們饒恕人的過犯，你們的天父也必饒恕你們的過犯。你們不饒恕人的過犯，你們的天父也必不饒恕你們的過犯。」我們將來被饒恕與我們饒恕人相關。有人試圖掩蓋此類經文。或許耶穌在闡述時用了誇張手法，或者我們應該以更直截了當的方式來解讀：基督徒生命不可或缺的部分就是饒恕人，正如基督饒恕了我們。

總之，馬太福音的這兩處經文似乎在教導我們順服或義的必要性。第二處經文馬太福音六章 14–15 節彷彿把饒恕人當作最終得救的**條件**——若想要天父饒恕我們，我們就必須饒恕他人。

律法的要求「在我們」身上成就[13]

因其獨特性，羅馬書八章 3–4 節被分別對待。保羅在羅馬書第八章解釋了不再被定罪的意思（1 節）。他在 3–4 節寫道：

> 律法既因肉體軟弱，有所不能行的，神就差遣自己的兒子，成為罪身的形狀，作了贖罪

[13] Lloyd-Jones 1973: 303.

祭，在肉體中定了罪案，使律法的義成就在
我們這不隨從肉體，只隨從聖靈的人身上。

人們也許希望保羅在第 4 節說，律法的要求已**為**我們成就了。但是他沒有這麼說。保羅說，神差遣祂的兒子死了，為的是律法的要求可以**在**我們裡面被成就（*en hēmin*）[14]。通讀整本《新約》，耶穌毫無疑問**為**我們做了一些事，其中之一就是**為我們**而順服。上下文似乎清楚表明，我們對神的真正順服、心思隨從聖靈的事（5 節）、服從神的律法（7 節）等等，都源於基督已為我們所成就的事。保羅在羅馬書八章 4 節清楚地說，神律法的要求成就在我們裡面。看來基督徒裡面發生了**內在的翻轉性的**改變——源於福音的轉變。重點在於基督的十字架促成了基督徒內在的轉變：律法的要求在我們「裡面」成全了。[15]

神會「在我們心中」有效運行，感動我們順服祂

腓立比書二章 12–13 節是本書論證的關鍵點：「這樣看來，我親愛的弟兄，你們既是常順服的，不但我

14 穆雷（J. Murray）論及羅馬書八章 4 節時說：「憑藉聖靈的內住和引領，信徒得以滿足律法的要求；憑藉恩典的運行，律法的要求和聖靈的激勵兩者並無相互對立——『律法是屬乎靈的』（七 14）」（1959: 284）。參看 Rosner 2013: 121–124。

15 參：Schreiner 1998; Stuhlmacher 1994。

在你們那裡，就是我如今不在你們那裡，更是順服的，就當恐懼戰兢，作成你們得救的工夫。因為你們立志行事，都是神在你們心裡運行，為要成就他的美意。」

此處的重點是神**下了命令**。我們並非要像柏拉糾主義和伊拉斯謨主義那樣錯誤地假定「應該」總是暗指「可以」，但卻似乎沒有什麼理由認為命令式的「作成」只是個假設含義而已。保羅希望他的聽眾「作成」得救的功夫。神希望祂盟約的百姓「作成」得救的功夫，這個「作成」是神在我們裡面「立志行事」，為要成就祂的美意。也就是說，不是神發出命令後就置之不理了。而是神發出命令，隨後有效地感動祂新約的百姓遵守那命令——並且這一神聖舉動決不會削減人自身行動的重要性。該《聖經》的教導至終將告知奧古斯丁在《懺悔錄》中所寫的：「上主，依祢所願的命令我，把祢所命的賜予我。」[16] 約翰 · 巴克萊（John Barclay）的觀點毫無疑問是正確的：「驚人的是，神的工作同時影響着信徒的意志和行為：假如連行動的意志都是出於神（不論是獨一還是協同施動者），信徒的施動與神的施動從始至終都聯繫在一起。」[17] 彼得前書一章 5 節有相似的教導，論到基督徒「這因信蒙神能力保守的人，必能得着所預備，到末世要顯現的救恩」，這最終通向「靈魂得救」（彼前一 9）。

[16] Augustine 1991: 202. 中文見:《懺悔錄》, 周士良譯（1996）。
[17] Barclay 2006: 140–157.

靠聖靈的能力，治死舊人之必要

羅馬書八章 13–14 節特別有趣：「你們若順從肉體活着必要死。若靠着聖靈治死身體的惡行必要活着。因為凡被神的靈引導的，都是神的兒子。」

請注意將來得救的顯著**條件**：若順從肉體活着必要死（13 節）。然而，若靠着聖靈「治死身體的惡行必要活着。」這節經文是約翰．歐文的經典著作《治死信徒身上的罪》的核心。13 節後半節的觀點似乎是這樣的：

1、基督徒必須治死身體的惡行。

2、治死身體的惡行（人的行為）是**藉着**聖靈。

3、人若**確實**治死了身體的惡行，必要活着。

巴刻（J. I. Packer）反對「放手讓神來做」的態度，他認為保羅的立場是人必須參與「治死」身體惡行。[18] 或生或死，取決於我們是否**真的**治死身體惡行。若不曉得如何將其與靠恩典得救的教義契合，我們要麼掩蓋了這裡經文本質上的命令性和條件性，要麼像歐文那樣爭論說，新約百姓**確實**擁有聖靈，因此**願意**治死身體惡行。因此，假如我們按着正典思考，同意耶利米書和以西結書中的新約應許隨着耶穌開始侍奉而開始應驗，那麼我們也應當**期待**聖靈所激發的且出於神的順服，正如羅馬書八章 13 節描述的：「治死身體的惡行」。

---

[18] 例如 Packer 2003。

「信心」和「順服／行為」實質同義

另一系列頗吸引人的經文幾乎視「信心／信仰」和「順服／ 行為」同義。例如，啟示錄十二章 17 節：「龍向婦人發怒，去與她其餘的兒女爭戰，這兒女就是那守神誡命，為耶穌作見證的。那時龍就站在海邊的沙上。」

請注意，「守神誡命」和「為耶穌作見證」若非視為完全等同，也當視為必然結果。同樣，啟示錄十四章 12 節：「聖徒的忍耐就在此。他們是守神誡命和耶穌真道的。」

請再次注意約翰是如何談論「聖徒的堅忍」的，他將「守神誡命」和「守耶穌真道的」聯繫在一起。再一次，「守神誡命」和「為耶穌作見證」若非視為等同，就是視為必然後果。

同樣，在啟示錄六章 9 節約翰揭開第五印，看見為神的道並「為作見證」被殺之人的靈魂。這見證是**被維持**或**被保有**的。

保羅在帖撒羅尼迦後書一章 8 節論及神「要報應那不認識神，和那不聽從我主耶穌福音的人。」另外，「認識神」和「聽從福音」若非完全等同，就是視為必然後果。

最後，值得注意的是，彼得前書四章 17 節不是簡單地說要「相信」福音——我們也必須「順從」福音（和合本作「信從」）。

我們憑我們的行為被真正審判和稱義[19]

至少從**某種**意義上講，我們的命運顯然竹與今生的所作所為相關。儘管失之毫釐，謬以千里，但我不曉得何以避免這一簡單論題。新約的教導一目了然，且是無法掩蓋的。保羅在羅馬書二章13節教導說：「原來在神面前，不是聽律法的為義，乃是行律法的稱義（*dikaiōthēsontai*）。」這既不是保羅暫時離題，也不是在樹立假想敵，而是在教導說：在將來審判或將來稱義中，行為將佔一席之地。湯姆 · 施萊納（Tom Schreiner）寫道：「需要善行來逃避審判，這是保羅的福音一不可或缺的組成部分。」[20]

「信服真道」

另一系列經文講到「信服真道」，關鍵經文是羅馬書一章5節和十六章26節。一5說「我們從他受了恩惠，並使徒的職分，在萬國之中叫人為他的名信服真道。」十六26說「這奧秘如今顯明出來，而且按着永生神的命，藉眾先知的書指示萬國的民，使他們信服真道……」「信服真道」（*hypakoēn pisteōs*）指的是順服**源於**信心，亦或**就是**信心，這是這裡重要的釋經問題。使徒行傳六章

[19] 見 Schreiner 1993a。
[20] Schreiner 2001: 470

7節也有類似的措辭，路加談到福音的廣傳，許多祭司「信從了這道」（*hypēkouon tē pistei*）。

道格拉斯・穆爾（Douglas Moo）新近提出，「信服真道」最終應當以雙重的、非簡化的方式來看待。「信服真道」中的順服就是信心，也同時源於信心。[21] 新的盟約視順服為「源於信心的順服」，羅馬書對「信服真道」的定義或許不失為其基礎。

我們被造、被贖是為行善

許多經文教導說，神創造並救贖我們的目的是叫我們行善。以弗所書二章10節說：「我們原是祂的工作，在基督耶穌裡造成的，為要叫我們行善，就是神所預備叫我們行的。」

提多書二章14節談到耶穌時，講了同樣的話：「祂為我們捨了自己，要贖我們脫離一切罪惡，又潔淨我們，特作自己的子民，熱心為善（*kalōn ergōn*）。」

兩處經文都提到，善行是神計劃或目的的一部分——以弗所書二章10節講到我們被造，為要叫我們行善；提多書二章14節講到我們得蒙救贖，以便熱心為善。提多書二章11節尤其有趣，因為它將「神的恩典」與更新的生命明顯聯繫起來。因此，保羅寫道：「神

---

[21] Moo 2007.

救眾人的恩典，已經顯明出來」；這裡確實包括了基督代贖之功，在二章 13–14 節（耶穌基督為我們捨了自己）特別提到此事。這恩典已經顯明，「教訓我們除去不敬虔的心，和世俗的情欲，在今世自守，公義，敬虔度日」（12 節）。總之，保羅認為，當人成為基督救贖之功的受惠者之後，「神的恩典」（在基督救贖之功中顯明——二 14）教導我們過與以往不同的生活。

信心透過仁愛發生功效

加拉太書五章 6 節是在新教和天主教的辯論中時常浮現的重要經文。保羅寫道：「原來在基督耶穌裡，受割禮不受割禮全無功效。惟獨使人生發仁愛的信心才有功效。」該經文是羅馬天主教辯論的主要依據，清楚闡明了對「行為的信心」的理解，常被拿來與新教對信心的本質的理解做比較。福音派信徒對加拉太書五章 6 節無需過分緊張。新約重視一顆受割禮的心，心靈的順服源於受割禮的心，這一觀點貫穿保羅書信的始終。可以這樣理解保羅在羅馬書二章 25–29 節所說的：因為真猶太人擁有一顆受割禮的心，所以遵守神命令的就是真猶太人（不是百分之百，但幾乎就是保羅的措辭）。保羅在加拉太書五章 6 節中講到「使人生發仁愛的信心」時，他只是在闡明貫穿整本正典的一個觀點：《聖經》中的信心是行為的信心。

律法得到肯定；基督的律法

另一類常見的新約經文也肯定了律法（即使改換成新約要旨也可以）。例如，保羅在羅馬書十三章用了「十誡」來解釋基督徒愛的本質。他**明確**提到「十誡」中的四條（「不可姦淫，不可殺人，不可偷盜，不可貪婪」，第9節），隨後又提到「別的誡命」並推論說，一切誡命總歸一句話：「愛人如己。」（9節）

給混亂的哥林多教會的信中，保羅作了一個驚人的宣告。他鼓勵收信人「照主所分給各人的而行」（林前七17）。那很關鍵，因為在新約時期割禮是不重要的。保羅寫道：「受割禮算不得什麼，不受割禮也算不得什麼，只要守神的誡命就是了。」（林前七19）[22] 若按照某種新教觀點進行辯論就會驚奇地發現，保羅沒有將身體的割禮和靈裡的割禮進行比較（當然保羅在別處有提及），也沒有比較《舊約》中**直接**提到的事和《新約》中**具體**提到的事。他並沒有那麼做。相反，他在此指出，**真正**重要的是遵守神的誡命。所以，無論怎樣解釋新約的新，無論怎麼徹底明白救贖歷史從舊約到新約的進展，貫穿整本正典核心的顯然是遵守神的誡命。

最後，在許多相似經文中，特別需要關注加拉太書中的一些經文以及馬太福音中的一段相關經文。在

[22] Rosner 2013（他的書以此為副標題）。

談論真基督徒的自由時，保羅告訴加拉太教會，必須在基督徒的愛中行使自由。因此他寫道：「用愛心互相服侍。」（加五 13）他又說：「因為全律法都包在愛人如己這一句話之內了。」（加五 14）保羅所說的顯然與耶穌在馬太福音二十二章中的教導極其相似。當耶穌被問及律法中最大的誡命時，他回答說，要愛人如己（太二十二 36–39）。的確，「這兩條誡命，是律法和先知一切道理的總綱。」（太二十二 40）

保羅在加拉太書六章 2 節講到「基督的律法」（*ton nomon tou Christou*）。這和剛剛討論的加拉太書五章和馬太福音二十二章最為切合。保羅命令加拉太教會「你們各人的重擔要互相擔當，如此就完全了基督的律法。」（加六 2）擔重擔難道只是一種愛人如己的方式？背負他人重擔就是完全了基督的律法。約翰福音十三章 34 節有類似的話，那裡耶穌賜下一條「新命令」，就是「彼此相愛」。同樣地，在約翰一書四章 21 節說：「愛神的，也當愛弟兄，這是我們從神所受的命令。」

行他們的父所行的事的人

本段經文可以說是屬於另一些類別，但因它十分引人注目，所以值得在此單獨提及。請注意約翰福音第八章的情景。耶穌在同猶太人進行了冗長的對話之後，開始談論行為的本質（有時直接，有時間接）。

約翰福音八章 31–32 節說：「你們若常常遵守我的道，就真是我的門徒。你們必曉得真理，真理必叫你們得以自由。」根據約翰福音其他幾處經文的論述（十四 15–24 和十五 1–17，那裡，在耶穌裡面，結果子和遵守耶穌的命令密切相關），遵行耶穌的話意味着善行、順服和忠信之必要。

事件在約翰福音八章 39–44 節變得特別有意思。耶穌剛剛聲稱猶太人**所行的**是在他們的父那裡聽見的（約八 38）。但猶太人回答說，他們的父是**亞伯拉罕**（約八 39）。耶穌回答的關鍵是：「你們若是亞伯拉罕的兒子，就必行亞伯拉罕所行的事。」（約八 39）耶穌在約翰福音八章 41 節繼續控訴這些猶太人「是行你們父所行的事。」耶穌在約翰福音八章 42 節接着說：「倘若神是你們的父，你們就必愛我。」然後，祂在約翰福音八章 44 節說：「你們父的私欲，你們偏要行」。

耶穌對這些猶太人尖銳的批評至少顯明兩個真理：第一，正如耶穌所發現的，不論父親是誰，**人行他們父所行的事**。這些猶太人行**他們**父所行的事，耶穌稱他們的父是魔鬼（約八 44）。在耶穌看來，行為實在是生命不可或缺的。人們**總是**行他們父所行的。**關鍵的**問題是，他們的父究竟是誰？第二，我們在此發現了一處對約翰福音其他地方極清晰教導的真理的（至少是）暗示。耶穌在約翰福音八章 42 節教導說：「倘若神是你們的父，你們就必愛我。」所以，如果（1）

將神當作父，人就會作神的工；如果（2）將神當作父，人就會愛耶穌（約八 44 有此教導）：綜上所述，愛耶穌就是行父所行的。

附注：行律法

相當一段時期，保羅神學中最具爭議的話題是，如何理解「行律法」（*ergōn Nomou*）。該片語在《新約》出現了八次：

羅馬書三章 20 節：「所以凡有血氣的沒有一個因**行律法**，能在神面前稱義，因為律法本是叫人知罪。」羅馬書三章 28 節：「所以我們看定了，人稱義是因着信，不在乎遵**行律法**。」

加拉太書二章 15–16 節：「我們這生來的猶太人，不是外邦的罪人；既知道人稱義不是因**行律法**，乃是因信耶穌基督，連我們也信了基督耶穌，使我們因信基督稱義，不因**行律法**稱義；因為凡有血氣的，沒有一人因**行律法**稱義。」

加拉太書三章 2 節：「我只要問你們這一件，你們受了聖靈，是因**行律法**呢？是因聽信福音呢？」

加拉太書三章 5 節：「那賜給你們聖靈，又在你們中間行異能的，是因你們**行律法**呢？是因你們聽信福音呢？」

加拉太書三章 10 節：「凡以**行律法**為本的，都是被咒詛的；因為經上記着：『凡不常照律法書上所記一切之事去行的，就被咒詛。』」

湯姆 · 施萊納（Tom Schreiner）將學者的解釋概括成五類。[23] 本書的論點不依賴於這些或其它對「行律法」的解釋。「行律法」最自然的理解就是「律法所

---

[23] 湯姆 · 施萊納（1993b: 975–976）羅列了五種基本觀點:
（1）律法的儀式: 支持該觀點的學者有羅美爾（E. Lohmeyer）等，他們強調「遵守律法的宗教處境」。泰森（J. B. Tyson）強調「律法下的生活要求，尤其要遵守食物律法和受割禮」。在此，「行律法」遭批評不是因為這些律法太難，而是因為隨著新約基督的降臨，我們活在不同的時代，在這個時代中猶太人和外邦人的差別已蕩然無存。
（2）猶太民族主義: 鄧恩（J. D. G. Dunn）視「行律法」為「身份標誌」，例如受割禮、食物律法和受安息日，這些律法將猶太人和外邦人區別開來。「問題在於猶太人的**民族主義**和**特殊神寵論**，而**非律法主義**或**行動主義**。」(強調獨特性)
（3）律法主義: 富勒（D. Fuller）宣稱保羅並不認為無人能遵守律法，因為律法是「信心之法」。保羅反對的是扭曲律法，並非反對律法本身。
（4）主詞所有格（Subjective Genitive）：卡斯頓（L. Gaston）認為「行律法」是主詞所有格，所以表達「律法所行的工作」。最終律法所行的是生出罪和不義，這些無法讓人稱義。
（5）人的無能: 魏斯特鴻（S. Westerholm）認為律法主義本身不是問題，問題在於人沒有能力遵守律法。
施萊納自己認為，保羅反對「行律法」，主要基於三個原因:
（1）無人能完全遵守律法；（2）任何想要通過行律法來獲取稱義的企圖都是律法主義，與信心的原則相對；（3）通過耶穌的死與復活，救贖歷史已翻轉。參: 施萊納的新近著作 Schreiner 2008: 526–527.

要求的」或「所提倡的」；即為侍奉神而行律法。然而，這裡重點是行為對基督徒的生活為何如此重要，以及行為與稱義和耶穌為我們成就的事這類真理之間如何聯繫。

總結

根據簡略參考的諸多經文，本章得出一個基本結論：善行、順服和忠信是新約信徒生命的核心。總之，我沒有試圖解決所有善行、順服和忠信與《聖經》中對救贖的一般理解之間的關係，尤其是與《聖經》中對稱義、成聖、榮耀的理解之間的關係。要理解這些《新約》的重要經文，我們必須依據一特定的聖經神學系統：這是下一章的內容。

第二章

順服、行為和忠信：從《舊約》到《新約》

本章探討基督教正典一個中心的主題（或一系列主題）——為了提供一個《聖經》背景，去理解第一章內容的核心：善行、順服和忠信是新約信徒生命的中心。

首先，《舊約》的重要經文反覆提到：將來藉着聖靈，神的子民身上能體現出內心的順服。內心的順服乃是出於神的恩典，靠着聖靈的能力和工作而出現的。這些舊約經文認為，發自內心的順服與將要來臨的新約相關。我着重強調以西結書和耶利米書這兩卷先知書，原因很簡單：第一，儘管它們沒有普遍使用明確的「新約」語言，但這兩卷先知書對新約的應許很清楚，並且貫穿始終；第二，《新約》作者以各種方式引用和提及這兩卷書的預言（下文將查看《新約》的處理方式）。

其次，通過查考許多重要的《新約》經文證明：新約在第一世紀成為事實，而且／或認識到《舊約》對內心的順服的應許，並且期待在新約裡實現這一應許。

重要的《舊約》經文：以西結書

以西結書三十六章 26–28 節論及新約說：

> 我也要賜給你們一個新心，將新靈放在你們裡面，又從你們的肉體中除掉石心，賜給你們肉心。我必將我的靈放在你們

裡面，使你們順從我的律例，謹守遵行我的典章。你們必住在我所賜給你們列祖之地。你們要作我的子民，我要作你們的神。

以西結書十一章 19–20 節幾乎相同:

我要使他們有合一的心，也要將新靈放在他們裡面，又從他們肉體中除掉石心，賜給他們肉心，他們順從我的律例，謹守遵行我的典章。他們要作我的子民，我要作他們的神。

以西結書十八章 31 節也回應這些主題:

你們要將所犯的一切罪過盡行拋棄，自作一個新心和新靈。以色列家啊，你們何必死亡呢？

以西結書三十七章 14 節也類似:

我必將我的靈放在你們裡面，你們就要活了。我將你們安置在本地，你們就知道我——耶和華如此說，也如此成就了。這是耶和華說的。

最後，以西結書三十九章 29 節：

> 我也不再掩面不顧他們，因我已將我的靈澆灌以色列家。這是主耶和華說的。

此處的焦點是以西結書三十六章 26–28 節所包含的重要主題。以西結書經常重複這些主題。透過先知以西結，神在應許一新的日子，屆時將有新心和新靈，神的靈被放在恩約百姓裡面，由聖靈激發或由神促成的順服，對神有真正的認識，神的百姓將真的成為「我的百姓」，神也將真的作他們的神。這是所應許的事實，將來必要成就。下文我將論證，若耶穌的侍奉確實開啟了新約，我們理應盼望在新約成員身上看見以西結書（及耶利米書——見下文）中所描述的事實。的確，我們在讀新約時會找到此條一貫的教導，即對全心順服主的期盼和其必要性。顯而易見，《新約》作者在談論新約基督徒生命的本質時，引用了以上部分的經文（或至少部分主題）。

重要的《舊約》經文：耶利米書和其他輔助經文

在《舊約》還可以找到其他論及新約的經典經文，如耶利米書三十一章 31–34 節：

> 耶和華說，日子將到，我要與以色列家和猶大家另立新約，不像我拉着他們祖宗的手，領他們出埃及地的時候，與他們所立的約。我雖作他們的丈夫，他們卻背了我的約。這是耶和華說的。耶和華說，那些日子以後，我與以色列家所立的約乃是這樣，我要將我的律法放在他們裡面，寫在他們心上。我要作他們的神，他們要作我的子民。他們各人不再教導自己的鄰舍和自己的弟兄說，你該認識耶和華，因為他們從最小的到至大的都必認識我。我要赦免他們的罪孽，不再記念他們的罪惡。這是耶和華說的。[1]

鑒於我的目的，我僅僅指出，神透過耶利米論及的新約（1）不像摩西之約（32 節），百姓違背了摩西之約，但這裡似乎暗指新約**不會**被廢棄；（2）神的律法將放在恩約百姓裡面，寫在他們心版上；（3）要赦免他們的罪孽，不再記念他們的罪惡——指更加完全、徹底的赦罪。

神在耶利米書四章 4 節命令猶大和耶路撒冷居民說：

> 猶大人和耶路撒冷的居民哪，你們當自行割禮，歸耶和華，將心裡的污穢除掉。恐

[1] 參看賽五十四 13：「你的兒女都要受耶和華的教訓……」

> 怕我的忿怒因你們的惡行發作，如火着起，甚至無人能以熄滅。

同樣，耶利米書三十二章 40 節說：

> 又要與他們立永遠的約，必隨着他們施恩，並不離開他們，且使他們有敬畏我的心，不離開我。

與以西結書三十六章 26 節和耶利米書三十一章 31–34 節相似，神將敬畏的心放在新約成員心中，他們便不會背離。

同樣，耶利米書二十四章 7 節說：

> 我要賜他們認識我的心，知道我是耶和華。他們要作我的子民，我要作他們的神，因為他們要一心歸向我。

根據耶利米書，神賜給新約成員認識祂的心，所以這些新約成員將一心歸向祂。

另外，耶利米書三十三章 8 節也相似：

> 我要除淨他們的一切罪，就是向我所犯的罪。又要赦免他們的一切罪，就是干犯我，違背我的罪。

同樣，耶利米書三十三章 14 節：

> 耶和華說，日子將到，我應許以色列家和猶大家的恩言必然成就。

還有耶利米書三十章 22 節：

> 你們要作我的子民，我要作你們的神。

最後，耶利米書五十章 20 節：

> 耶和華說，當那日子，那時候，雖尋以色列的罪孽，一無所有。雖尋猶大的罪惡，也無所見。因為我所留下的人，我必赦免。

在此簡略提到以賽亞書的兩處經文。

首先，以賽亞書四十四章 3 節：「因為我要將水澆灌口渴的人，將河澆灌乾旱之地。我要將我的靈澆灌你的後裔，將我的福澆灌你的子孫。」

第二，以賽亞書五十九章 21 節：「耶和華說，至於我與他們所立的約，乃是這樣。我加給你的靈，傳給你的話，必不離你的口，也不離你後裔與你後裔之後裔的口，從今直到永遠。這是耶和華說的。」

箴言的兩處經文值得注意。箴言三章 3 節：「不可使慈愛誠實離開你。要繫在你頸項上，刻在你心版上。」箴言七章 3 節：「繫在你指頭上，刻在你心版上。」這兩處經文都形象地指出神的律法寫在人心上的重要性。

其他許多經文，如箴言一章 23 節，以賽亞書四十四章 3 節，三十二章 15 節，十一章 2 節，撒迦利亞書十二章 10 節至十三章 1 節和約珥書二章 28–29 節，都談到了神的靈將來要澆灌祂的百姓。

讓我們回到耶利米書三十一章。此處我們讀到，神藉着先知應許將要赦免他們的罪孽。這裡應當讓人思量，似乎罪得赦免**不是**新約的獨有特徵，而是新舊約共有的重要元素。那麼罪得赦免如何作為新約**獨特的**特徵呢？

思考該問題的方法之一：（1）耶利米書三十一章 34 節應許神將「赦免他們的罪孽」，「不再記念他們的罪惡。」**由於**（2）《舊約》中確有信徒的罪得着赦免，**因此**可能（3）新舊約的區別之一，不僅在於赦罪的**範圍**（盟約成員百分百得赦免），更在於全然和**永久**的赦罪——源於新約「更好」的本質。新約本質上的改進至少包括聖靈更強烈地傾倒、臨在於新約成員生命中。

穆恩（Joshua N. Moon）支持一種對新約「奧古斯丁式」的解讀（按照穆恩的理解，是「後」奧古斯丁；即奧古斯丁神學的後期）。根據穆恩對奧古斯丁的解讀：「舊、新約成員之間的對比，毫不亞於人類之城和上帝之城成員之間的對比：因着與恩典和信心以及聖靈的工作相對的律法而來的不忠信。」[2] 穆恩認為，奧古斯丁理解的「新約」——尤其是耶利米書三十一章所概述、預言的新約——並非救贖歷史上的新情形或新紀元；假如是的話，就很難解釋《舊約》聖徒彰顯的得救信心。相反，新約其實就是所有真信徒的狀態。人只要真的相信《聖經》中的獨一真神——**不論是活在耶穌受死、埋葬、復活之前或之後**——就都是**新**約成員。穆恩總結說：「耶利米書中『新約』成員的特徵實際上就是每個時代忠實信徒的特徵。」[3] 同樣，穆恩認為：「本書所闡述的，對耶利米書中新約的奧古斯丁式解讀的核心是：耶利米書三十一章 31–34 節沒有對比救贖歷史中兩個連續的時代，而是對比了在神面前的兩個狀態。」[4] 縱然筆者不情願反對恩典博士（奧古斯丁）的觀點——正如穆恩所解讀的——但我仍覺得聖經恩約具有救贖歷史本質的看法是正確的。恩約具有歷史沿革，而穆恩的解釋則非常容易淡化恩約在整個正典中的演化。正如耶利米書三十一章所**應許**和**預言**的，耶穌的侍奉**開啟**了新約（參結三十六和其他輔助經文）。我們無需假定律法和福音之間的極端**反差**，並以此來證明恩約的歷史沿革以及新約事實上是新的——在救贖歷史意義上，從歷史角度而言是全新的。的確，希伯來書八章

[2] Moon 2011: 28.
[3] Ibid, 29.
[4] Ibid, 245

13 節說：「既說新約，就以前約為舊了。但那漸舊漸衰的，就必快歸無有了。」請注意，舊約**變得**過時。此類論述似乎認為，在第一世紀出現了救贖歷史的轉變，其核心便是新約的出現和設立。

同樣，希伯來書九章 1 節描述「前約」包括：「禮拜的條例」、「屬世界的聖幕」、帳幕、燈檯、桌子、陳設餅等等。當然，這裡的「前約」（舊約）講述的並非是一個不信的盟約或必然「不忠於」神的狀態。更確切地說，「前約」（舊約）是神所賜的好盟約，是出於神的恩典（出二十 1）。這個約變得過時，**不**是因為從**根本**上來說它是個不信的約（正如普遍認為的那樣）；否則，我們在解釋《舊約》聖徒的**信仰**或**得救的信心**時，**仍會**陷入困境。事實上，穆恩對奧古斯丁式的解讀似乎使這個問題（或至少其中一個待解的問題）變得更棘手，即《舊約》聖徒**得救信心**的本質。如果真信仰跟聖殿、獻祭、神的律法等無關，我們就無法解釋整個《舊約》的獻祭和宗教體系。換言之，難道與神之間**真實**且**救贖**的關係竟然與神所設立的整個信仰／宗教體系完全無關？

我們可以認可對恩約的救贖歷史式解讀，即**至少**應許 - 實現，或影子 - 真相的部分元素，在基督教正典中隨着時間而展開恩約，而非將其植於律法和福音的徹底對立中。換言之，我們看到整本正典有相當程度的連續性，但是因為新約時代是救贖歷史上的新紀元，所以仍然可以斷定新約有其「嶄新」之處。我提到律法和福音的對立，是因為與穆恩對耶利米書三十一章的奧古斯丁式解讀出現差別仍是有可能的，即使**不**從極端的律法和福音絕對對立的立場。也就是說，我們能夠**認定**律法是「聖潔，公義，良善的」（羅七 12），認定律法**確實應該得到保留**，認定即使在新約時代，律法的「第三功用」只要**適當修改**，仍適用於基督徒——只要我們在因着耶穌降世而發生的**救贖歷史**的轉變的亮光下，在耶穌的死、埋葬和復活的亮光下，來解釋律法。

我的目標因此是要完全公正地對待：（1）新約之新，包括（但不限於）肯定新約是救贖歷史上的新**紀元**；（2）由聖靈激發和福音驅動的順服在基督徒生命中的地位。神在兩個約中都期待祂的百姓遵行神的話——包括誡命、法則、律例等。要完全公正地對待善行、順服和忠信在新約的地位，同時完全公正地對待已發生的救贖歷史的轉變，這是一個挑戰。我們不能貶低新約誇大舊約或誇大舊約貶低新約，也不能以違背《聖經》的方式分裂兩約，否則就不可能理解善行、順服和忠信在新約中的必要性。

讓我們再回到耶利米書三十一章。這段經文表明，新約之所以**新**的原因之一，就是新約的赦罪比舊約更加徹底。簡言之，我認為新舊約之間不僅有**量**的差別，更有**質**的不同。既然神在舊約時代確實赦免人的罪，人們必然會問：為什麼罪得赦免是新約的標誌之一。

任托夫（Rolf Rendtorff）的重要著作《約的通式》（The Covenant Formula）對理解耶利米書三十一章的核心內容極有裨益。任托夫談論的內容看似明顯，卻極易被忽略。儘管人們必定會問，耶穌道成肉身、受死、埋葬和復活是如何影響我們**現在**跟律法的關係，但神應許賜下新約的過程中，律法並沒有被**廢棄**，事實上是被**再度肯定**。任托夫說：「此處經文視律法為恩約的實質——作者一筆帶過，顯然在他看來是理所當然的。」[5] 因此，我們不可忘記，在新約中正是這**律法**已被置於信徒心中。的確，基督徒必須反覆斟酌如何去看待因着耶穌的受死，埋葬，復活和升天，我們與律法之間必須怎樣聯繫的問題。然而，新約中神已經把律法放在新約成員心中，因此至少我們有初步理由去探索新約中順服（行為或忠信）的地位。

《新約》和源自《舊約》的新約主題

從《新約》可以清楚看到，耶穌的生平、受死、埋葬、復活開啟了這新約。這在主最後的晚餐（路二十二20；太二十六28；可十四24；林前十一25），以及《新約》其他談到新約的經文中（林後三6；來八8，13；

[5] Rendtorff 1998: 73.

九 15；十二 24；參：來七 22；八 6——「更美之約」）一目了然。這些《新約》經文都提到《舊約》經文中有關新約的應許（尤其在以西結書和耶利米書），聖靈的同在，或源於神／源於聖靈的順服的真實性。

希伯來書

毫不誇張地說，希伯來書的中心要點在於，通過與舊約比較顯出新約的優越性。關於希伯來書八章引用了耶利米書三十一章的內容，歐白恩（O'Brien）寫道：「認識神就是承認祂，信靠祂，順服祂。」[6] 他正確指出，希伯來書強調了新舊約之間的許多**相似性**和**共性**：

- 兩約都基於神聖的應許。（八6）
- 兩約具有共同目的：「我要作他們的神，他們要作我的子民。」（八10）
- 兩約都合法地被設立。（七11；八6）
- 兩約都包含了律法。（七5，16，28；八10）
- 兩約都能使罪得赦免。（八12）

新舊約之間的主要區別是什麼呢？歐白恩認為：「新約是憑**更美之應許**立的。」[7] 換言之，神賜給新約信徒新心，「確保信徒順服祂的旨意」。[8] 希伯來書九至十章強調了新約「更美」之處。前約體系（九

[6] O'Brien 2010: 300.

[7] Ibid, 301; 這裡的強調出自原文。

[8] Ibid.

1–10）和更美之約中基督大祭司的工作（九 11–14）形成了相互對照。新約具有「更大、更全備的帳幕」（九 11）。耶穌用自己的血，而非山羊和牛犢的血，「只一次」進入至聖所（九 12–13）。耶穌的死——祂是更好的祭司，獻上更好的祭物——使人在前約（舊約）之時所犯的罪過得着赦免：「既然受死贖了人在前約之時所犯的罪過」（九 15）。歐白恩註釋說：「論果效，祂（耶穌）作為挽回祭其果效具有可追溯性，對凡信賴上帝赦罪的古代以色列人都是有效的。」（十一 40）[9] 耶穌是新約的中保，**因此**「便叫蒙召之人得着所應許永遠的產業」。換言之，為兌現神所應許的永遠的產業，耶穌必須（參：九 23）成為新約的中保。在希伯來書作者看來，新約的帷幕顯然在耶穌的侍奉中拉開了。

希伯來書繼續論證到，會幕或聖殿是照着天上的本物（天上的聖殿）造的。舊約的祭禮對淨化這些複製品是必需的。但是現在天上的**本物**需要被潔淨（九 23–26），為潔淨的緣故基督將自己獻上。希伯來書第十章繼續論證，強調基督作為贖罪祭的「一次」（十 10）性。顯然，希伯來書認為（並闡明），新約從第一世紀開始便成為現實。

---

[9] Ibid, 328.

《新約》中主的晚餐

三本符類福音書都描寫了主的晚餐，並認為這是新約的現實。馬太福音和馬可福音都說這杯是「我立約的血」（太二十六 28；可十四 24）。路加福音二十二章 20 節說「這杯是為你們流出來的」，是「我血所立的新約」。保羅在哥林多前書十一章 20–33 節談到主的晚餐時說：「飯後，也照樣拿起杯來，說：『這杯是用我的血所立的新約。』」（25 節）顯然，耶穌和保羅都認為新約的真實性是不容置疑的。符類福音中，基督的死和受死之前的晚餐都清楚地被作為新約來呈現。保羅宣稱，他對主的晚餐的理解或教導是「從主領受的」（十一 23），並認為基督的死是新約的記號或標誌。總之，在符類福音和保羅在哥林多前書的教導中，新約被視為是第一世紀當下的現實。

哥林多後書第三章

斯科特 · 哈費曼（Scott Hafemann）[10] 指出，哥林多後書第三章是引用以西結書和耶利米書主題的最重要的一處經文。我不去試圖找出哪些《舊約》經文在保羅思想中更具主導力。許多學者認為，以下經文可能構成了保羅此處教導的背景。有關石版的經文出自出埃及記二十四章 12 節；三十一章 18 節；三十二章 15 節；

[10] 參看：Hafemann 林後三章的釋經：1990; 1995; 2000。

三十四章 1 節；申命記九章 10 節。有關新心或聖靈臨在的經文出自耶利米書三十一章 33 節；以西結書十一章 19 節; 三十六章 26–28 節; 箴言三章 3 節; 七章 3 節。[11] 我認為，這些有關聖靈臨在的經文顯然影響了保羅，並成為他在哥林多後書第三章中教導的背景。[12] 保羅在哥林多後書三章 3–18 節教導說，以西結書（十一 19，三十六 26–27；另參：十八 31，三十七 14，三十九 29）預言的末期（或新約時代）和耶利米書三十一章 33–34 節預言的新約都已成為歷史事實。保羅明確談到「新約」（*kainēs diathēkēs*；林後三 6）。他也強調，信徒就是他的「薦信」，這信「寫在我們的心裡」（第 2 節；另參：結十一 19–20，三十六 26–28；耶三十一 31–34）。這信「不是用墨寫的，乃是用永生神的靈寫的。不是寫在石版上，乃是寫在心版上。」（第 3 節；另參：結十一 19–20；三十六 26–28；耶三十一 31–34）。保羅在提到神時說：「祂叫我們能承當這新約的執事。不是憑着字句，乃是憑着精意。因為那字句是叫人死，精意是叫人活。」（林後三 6；另參：結十一 19–20，三十六 26–28；耶三十一 31–34）。保羅 · 巴尼特（Paul

---

11　參看：Hafemann 1990: 209–220.

12　Ibid, 211. 哈費曼指出，沃爾夫（C. Wolff）發現箴三 3 和七 8 在此具有決定意義：「它確定，暗指典故的手法並非容易使用，尤其是聖經術語已成為作者詞彙的重要組成部分時，正如同保羅的情形。」

Barnett）因此在評論哥林多後書第三章時說：「神的律法已被內化於人心，透過永活神的靈變成活的了。」（見耶三十一 33；參第六節）。」[13]

羅馬書二章25–29節

羅馬書二章 25–29 節十分重要，因為保羅明確將割禮、順服律法和聖靈聯繫在一起。保羅認為，遵行神誡命的就是真受割禮的（25–26 節）。的確，真猶太人是受了從聖靈而來的「心靈」的割禮的人。保羅雖然沒有**直接**引用耶利米書和以西結書，但他確實和上述提及的兩位先知的重要經文是從屬於同一個**概念**世界。當保羅談及與心靈的順服相關的內心的割禮（二 28–29）時，我們就進入了流淚的先知（耶利米）和以西結的概念世界。羅馬書第三章結尾適切地指明了對保羅教義的潛在誤解：因信廢了律法嗎？斷乎不是！相反，保羅寫道：「更是堅固律法。」（三 31）保羅藉着在三章 31 節說自己試圖**堅固**律法，緩和了三章 27 節中（「用何法沒有的呢？是用立功之法嗎？不是，乃用信主之法。」）「強烈」的反差。神的主要目的之一**始終**是發自內心的順服，這一經預言又獲應許的事情如今在第一世紀變成了現實。在保羅看來，三件相互關聯的事實是新約成員生命的中心：屬靈的割禮，

[13] Barnett 1997: 169.

遵守神的誡命，及聖靈。真割禮出於聖靈，一旦受聖靈的割禮後，就會產生遵守神的誡命的結果。

帖撒羅尼迦前書四章8節

保羅在帖撒羅尼迦前書四章 8 節談到：「賜聖靈給你們的神」。大衛 · 彼得森（David Peterson）認為，這裡保羅回想起以西結書三十六章 27 節的內容：「我必將我的靈放在你們裡面，使你們順從我的律例，謹守遵行我的典章。」[14] 保羅似乎在帖撒羅尼迦前書四章 9 節那裡確實想到新約：「論到弟兄們相愛，不用人寫信給你們，因為你們自己蒙了神的教訓，叫你們彼此相愛。」該經文回顧了神透過先知在耶利米書三十一章 34 節說的話：「他們各人不再教導自己的鄰舍和自己的弟兄說，你該認識耶和華，因為他們從最小的到至大的都必認識我。」保羅回顧了以西結書三十六章 26–28 節和耶利米書第三十一章的內容，並且曉得這些先知書所描繪的情形已在第一世紀實現了。

其他《新約》經文

許多《新約》經文表明，基督徒不再需要任何人來教導他們，因為他們都認識神（或是該主題的類似表達）。這很清楚地反映了耶利米書三十一章的教導。

---

[14] Peterson 1995: 84.

例如，約翰福音六章 45 節說：「在先知書上寫着說，**他們都要蒙神的教訓**。凡聽見父之教訓又學習的，就到我這裡來。」約翰一書二章 27 節：「你們從主所受的恩膏，常存在你們心裡，並不用人教訓你們。自有主的恩膏在凡事上教訓你們。這恩膏是真的，不是假的。你們要按這恩膏的教訓，住在主裡面。」

留意，「不用人教訓你們」之後，緊跟着約翰解釋道，要「住在主裡面」。[15] 約翰沒有對此作詳細解釋，但這類經文指出：不用人教訓的新約事實跟我們與基督的關係有關——換言之，在新約中，信徒與基督的關係超越了舊約中的任何東西。[16] 同樣，保羅在哥林多後書一章 21 節把在基督裡和受膏聯繫起來：「那在基督裡堅固我們和你們，並且膏我們的，就是神。」在以弗所書六章 6 節，保羅告誡奴隸／僕人要聽從主人，好像聽從基督。這應當是「從心裡發出」的真順服，和順服基督類似。藉着聽從主人，他們就「從心裡遵行神的旨意」。

---

[15] 不論動詞「住在」（*menete*）被理解為祈使語氣（命令）還是陳述語氣（闡明已成的事實），我的觀點仍是：住在基督裡和不用人教訓信徒之間互相關聯。

[16] 解經家不會將耶三十一和結三十六的經文（和輔助經文）作為這裡的背景（如布魯斯［Bruce］，柯魯斯［Kruse］，斯納肯伯格［Schnackenberg］和斯莫利［Smalley］）。儘管如此，由於在概念上「不用人教訓你們」與舊約經文完全一致，似乎有理由認為約翰一書二章 27 節可以與這些經文相互對照。卡森（Carson 2004）說明了這一關聯。

有趣的是，在使徒行傳十章38節，耶穌被聖靈膏抹和耶穌的善行、醫治有關：「神怎樣以聖靈和能力，膏拿撒勒人耶穌，這都是你們知道的。他周流四方行善事，醫好凡被魔鬼壓制的人。因為神與他同在。」毫無疑問，這段經文意義重大：如果耶穌自己的善行和醫治都與（依賴於？）聖靈的膏抹有關，**我們**的行為更是與（必定依賴於）聖靈有關。

同樣，約翰福音三章2節：「這人夜裡來見耶穌，說，拉比，我們知道你是由神那裡來作師傅的。因為你所行的神蹟，若沒有神同在，無人能行。」尼哥底母在遇見耶穌時，印證了耶穌是由神那裡來的和耶穌所行的神蹟之間的聯繫（約三2）。[17]

總結

通過展示基本《聖經》背景，本章使人明白善行、順服和忠信的重要性。首先，我提到在《舊約》耶利米書和以西結書兩卷先知書（及其他輔助經文）中存在一種模式，即預言將來某一天會到來，屆時由聖靈所激發、出於神的、發自內心的順服將實現。不同的經文對此有不同的描述，但這一模式卻很清晰：這個

[17] 約翰福音三章2節：「這人夜裡來見耶穌，說：『拉比，我們知道你是由神那裡來作師傅的；因為你所行的神蹟，若沒有神同在，無人能行。』」

即將來臨的時代的一個重要標誌，就是內心的順服，是最終被神激發而產生的順服。然後，我對《新約》的兩個主題進行了討論。第一，新約在耶穌的侍奉中進入歷史時空，這得到了肯定。第二，耶利米書和以西結書的重要主題，被新約作者視為第一世紀的現實，這也是可以肯定的。

在深入討論之前，有必要問一個問題：如何看待整本正典的連續性和非連續性。可以說，這是聖經神學必不可少的課題：在着手《聖經》的救贖歷史性時，我們將正視這個問題。接下來我要談論有關於此的一些基本問題。

第三章

舊約、新約和救贖歷史

本章會探究幾個有關新舊約關係的釋經問題，尤其是《聖經》的一致性和連續性的問題——重點討論善行、順服和忠信的角色。我要論證的是：在整本正典中，善行、順服和忠信是信徒生命必不可缺的。當然，《聖經》的連續性和非連續性也十分重要，本章將討論由該問題引發的其他問題。我將論證，在整本《聖經》中，善行、順服和忠信是信徒生命的基本要素。

連續性和非連續性：提出正確的問題

當人們開始認真讀《聖經》時，兩約之間的關係這個重要問題就冒出來了。新約**取代**了舊約？新約**成全**了舊約——這到底意味着什麼？是新約**重述**或**重申**了舊約——**按照**神律論（theonomy）？抑或新舊約**並存**，作為通向上帝的「兩條路徑」（猶太人和基督徒）？一個釋經上的二元體就是要在兩個互相矛盾的範例中進行選擇：（1）**假定**新舊約具有**連續性**——除非在新約中被拒絕或廢棄，否則所有舊約教導、訓誨或誡命仍然具有約束力；（2）**假定**新舊約具有**非連續性**——除非在新約中被重申，否則所有舊約教導、訓誨或誡命都已被廢棄。某些聖約神學採納「假定連續性」的觀點，而一些時代派則選擇「假定非連續性」的立場。顯而易見，人們必須在這兩者之間做出選擇。

若認為這兩種選擇是唯一途徑，人們便忽略了正典的救贖歷史性，並誤解了新約是神「下一階段」的計劃。耶穌的受死、埋葬和復活是救贖歷史（實際上是整個歷史）的關鍵，所以應該以開放和更動態的眼光去看待新舊約的關係，而不是僅僅「連續性」或「非連續性」。

哈費曼認為：救贖歷史從舊約到新約出現了重大轉折。[18] 舊約裡只有**部分人**有聖靈的同在（即人們「在」恩約中，但沒有被聖靈改變或更新），新約中**所有人**都有聖靈的同在。這一觀點從根本上是正確的。可是，如果新約之「新」並無表明新約在聖靈工作**方式**或**強度**上的差異，在此仍令人感到含糊。為表澄清，哈費曼宣稱新約在**數量上**更好，而卻沒有說在**質量上**更好。回顧上一章的重要經文，耶利米書三十一章 34 節在論及新約時說：「我要赦免他們的罪孽，不再記念他們的罪惡。」這節經文至少在兩點相互關聯的事上令人不解：第一，新舊約在此進行了對照；第二，新約的現實之一是赦免罪孽，**但是舊約裡已赦免罪孽**（利四 26、31、35，五 10、13、16、18，十九 22；民十四 19，十五 25–26、28）。[19] 既然新舊約都有赦罪，為什

[18] 見 Hafemann 2007，對哈費曼在**恩約**思考上的概覽十分有幫助。

[19] 如前所述，Moon 2011 論述了對耶三十一 31–34 的「奧古斯丁式」解讀。如前面一章所概述的，穆恩的主要觀點如下：「奧古斯丁式的解讀不會把該對比視為是程度、質量或發展上的差異（例如從《舊約》時代到《新約》時代，

麼「我要赦免他們的罪孽，不再紀念他們的罪惡」是新約的**標誌**之一呢？假如哈費曼的觀點是正確的，那麼新舊約的主要區別就在於赦罪的範圍：**所有恩約成員**在新約中都有一顆受割禮的心並且罪得赦免，然而在舊約中只有**部分恩約成員**有受割禮的心並得着真正的赦免。總之，在哈費曼看來，新舊約的主要區別——就赦罪而言——在於**範圍**：在舊約時代，**部分**恩約成員得着真正的赦免；在新約時代，**所有**恩約成員都得赦免（即新約在**數量上**佔優勢）。

這種**部分赦免**與**完全赦免**的動態對照當然是符合真理的——至少含有真理的成分。但假如這就是新約之「新」的全部內容，那我們肯定錯過了一些東西。從舊約到新約，存在着救贖歷史意義上的轉變。新約之「新」因此不僅是新約在赦罪範圍上有所變化（量變），並且在聖靈澆灌的方式上也有不同（質變）。如此一來，從舊約到新約不僅有（1）量變——在比例上，有更多的恩約成員得着聖靈，得蒙救贖；也是（2）質變——聖靈的同在更加強烈。[20] 加爾文也肯定了這一點：聖靈

在救贖歷史中的對比），而是認為該差異是絕對的：叛教或不忠和忠信之間的差異，或是站在神面前兩種相互排斥的方式的差異」（2011: 3）。

[20] 關於舊約成員個人是否有聖靈的內住，以及舊約和新約連續性的相關問題，Hamilton 2006 中給出了六種觀點。特別參見第二章。

被賜予《舊約》的信徒，「但是不像後來那樣活潑和顯著」。[21]

亨利・布洛徹論新舊約

亨利・布洛徹（Henri Blocher）對新舊約問題的總結實在是無出其右。首先，《聖經》正典具有總體實質上的神學一致性；同時，布洛徹又認為，《聖經》研究者必須面對新舊約之間的非連續性。在研究布洛徹對新舊約關係的理解時，我們應當留意他對伊甸園中神 - 人關係的概述。他寫道：「伊甸園的盟約的恩惠完全是無償的，而提到的條件（永遠承認人對神的「形象 - 受造物」的依附）也不外乎是持續在恩典裡。」[22] 布洛徹可以談論人類順服的實質含義，而不陷入「律法主義」（正如本書將要論證的）：

> 然而，必須指出：律法的原則「遵行律法的，必因此活着」和「違背律法的，必要死亡」是完全有效的。這不是律法主義！首先，生命完全是出於恩典，而不是遵行律法所得的獎賞。但這也是責任。創造之約建立了人在神面前（**coram Deo**）的責任體系。[23]

---

[21] Calvin 1979: 310；被引於 Hamilton 2006: 14。

[22] Blocher 2006: 258.

[23] 同上。

在這裡布洛徹已經進入了正確的救贖歷史的軌道。布洛徹寫道：**「既然恩典之約建立在精確的歷史事件之上（髑髏地的十字架），歸結於道成肉身的聖子耶穌基督，那麼先時的信徒就只能在盼望中享受其恩惠。」**[24] 布洛徹贊許地引用了羅伯森（O. Palmer Robertson）的話：「只有在對基督完成救贖之功的期盼中，才能在舊約的處境下完成心靈的更新。」[25] 現在我們或許能夠理解神對耶利米所說的應許（三十一 34）：「我要赦免他們的罪孽，不再記念他們的罪惡。」總之，我認為新約中的赦罪更加深入。至於舊約中的赦罪（利四 26、31、35；五 10、16；六 7）：第一，是真實的；第二，是在期盼中與基督的受死、埋葬、復活、升天和代求有關；第三，從某種神秘意義而言，《舊約》聖徒尚未完全意識到這一點。值得詳細引用布洛徹的話：

> （聖經作者）顯示了在《舊約》中神已經饒恕了人的罪，但至於藉着山羊和公牛的

[24] 同上 260；重點強調來自原文。請注意，當布洛徹使用「恩典之約」這個片語時，他最終要處理的不是「行為之約」或「恩典之約」的問題，至少在如何理解這問題上是如此。隨着在我對布洛徹的解讀，這點將變得更加清楚。

[25] Robertson 1980: 292. 正如布洛徹所言，羅伯森的觀點出自加爾文。羅伯森引用了加爾文對耶利米書的注解：「穿透內心的力量不是律法所固有的，而是一個福音嫁接給律法的益處。」參見 Blocher 2006: 260.

> 贖罪祭還無法客觀地挪去的罪孽，似乎被「積」在某處，等待真正的贖罪成就：希伯來書九章15節，羅馬書三章25節［paresis（中文聖經：寬容），神讓他們免受懲罰，表面上背棄了祂的公義］。在時間連續的觀念裡，在基督來臨之先，在盼望中經歷恩典的特徵，需要一個具體的標誌。事前享受的（救恩）是不完全和自由的，無法像基督時代那樣來得完全和自由。[26]

布洛徹在他的文章《舊約和新約》末尾簡略處理了「恩典之約」中的順服問題。就算人們不想使用「恩典之約」這一傳統術語，布洛徹在恩典的關係中對行為和順服的描述仍頗有益處。他說：「對律法責任的原則的重申，只是西奈山之約的一個元素。這律法責任在伊甸園中是生命持續與神相交的準則；但在犯罪之後卻成了不可逃避的定罪（的標準）。」[27] 因此，對布洛徹而言，「律法責任的原則」並非固有、根本地是「行為原則」，也並非（必須是）「行為之約」或所謂對行為之約的「重新頒佈」。但在人類犯罪之後，這個「律法責任的原則」事實上成為人無法逃避的定罪的指針。因此，（1）在人類墮落之前［布洛徹認為

[26] Blocher 2006: 260–262.

[27] 同上 268。

恩典已經存在，這個觀點與克萊恩（Kline）等學者不同〕，神賜下命令要人遵守；因為人還未受罪的轄制，律法能被真實遵守。（2）在人類墮落之後，神所賜的命令在本質上是良善、公義、聖潔的（羅七 7、12），理當被人遵守。基於受割禮的心和聖靈同在的事實，《新約》和《舊約》的聖徒都同樣有某種真實的能力，可以真實地順服，但卻未達到完全的地步。[28]

新舊約中都有一種真實的屬靈力量使人順服。在兩約中，信徒都有順服的力量——這力量基於受割禮的心和聖靈的同在。兩約之間誠然不僅只有量的差別（即在新約中，所有恩約成員都有受割禮的心或被重生；然而，只有部分舊約恩約成員有受割禮的心或被更新），更存在質的差異（即在新約中，聖靈的澆灌或同在更加深刻）。[29] 然而，在基督的位格和祂的工作與《舊約》時期聖徒罪得赦免之間建立神學聯繫至關重要。換言之，如果我們承認舊約時期有赦罪的能力，同時卻否認舊約獻祭制度的預期性和前瞻性（即獻祭是對基督贖罪的參與或期待），那麼當我們從舊約轉到新約時，我們便冒險地在（新舊約）赦罪的根基上作出了實質性的區分。我們同時無法理解新約的獨特性，

---

[28] 注意，我沒有致力於解決所有有關新舊約中聖靈工作本質的問題。見 Hamilton 2006 和 Block 1989。

[29] 布洛徹談及「『**層面**』**的改變**」：「強調恩典之約的運作層面是內在和屬靈的。」(2006: 269; 重點強調出自原著)。

不能明白耶穌的侍奉（包括祂受死、埋葬和復活）是律法和應許的終極（羅十 4；路二十四 27、45–47；約五 46）。

律法與福音，福音與法律：新約的本質和《舊約》聖徒得救的問題

當集中全力討論新約本質時，就必然面臨律法和福音的關係這一重要問題。這是當代新教神學的重要議題，在此不予詳論。不過，這個問題是不可避免的。在處理善行、順服和忠信的議題時，律法和福音的問題一直潛藏幕後。部分學者認為，律法與福音之間存在着強烈的對比，律法與福音之間的對立是理解《聖經》信息的核心。如果《聖經》的確由律法與福音的強烈對比所構建，那麼就可以理解信心和行為，或恩典與一切人類能動性（善行、順服或忠信）之間存在（即使是不必要的）的強烈對比了。因此，我們再次回到本專著開頭引用的貝考維的問題。至少對於新教徒而言，單單因信稱義令所有深入的探討（關於行為）都顯得「多餘」。[30] 換言之，如果視律法與福音之間為強烈的對立關係，就可以理解人們為何傾向於視恩典和行為、信心和行為等等為強烈對立（即使在嚴謹的意義上，也大可

[30] Berkouwer 1952: 17.

不必視恩典和行為，信心和行為為強烈的對比）。

人們通常認為，律法和福音強烈的對立出自馬丁·路德和正統路德宗。也有人認為，傳統的改革宗神學或改革宗正統對所謂的律法與福音的對比或對立具有更為改進的理解。不過，此設想並非全然涇渭分明。首先，一些關於律法與福音具有強烈對比這一觀念的最激烈呼聲來自一些特定的改革宗圈子。加州西敏斯特神學院的教員們似乎認為，律法與福音的對比是改革宗傳統的本質和核心。[31] 第二，傳統路德派信徒之間

---

[31] 見 Clark 2007。參看對該書的回應：Sandlin 2007。邁克·何頓（Michael Horton）極力主張律法和福音的對比或區別。何頓強調律法與福音的對立，**但只在談及稱義的點上**：「即使控告我們的律法如今也似乎令人愉快。路德寫道：律法『不再用死亡和地獄來恐嚇我們，而是成了我們的良友和同伴。』基督已把牢房變為殿堂。『祂沒有破壞或廢掉律法；但是祂改變了我們的心靈……使律法成為心靈所喜悅的，以至於心靈單單因律法而高興歡喜。不願見律法的一點一畫落空。』因此律法也是依靠福音才發生功效。除了談及一個人是如何被神接納的問題，至少在改革宗神學裡，律法與福音，行為與信心，行為之約和恩典之約之間的差別並不意味着絕對的對立。對誡命和應許各自的性質和角色進行區分，不是在詆毀任一方，更不是在否定……但是神所賜的新的順服這恩賜絕不能成為第二種稱義工具，信心也不能在罪人得稱為義中被定義為順服（信心因愛而生）。當然不是在任何時候都如此，**但是當提及稱義**，信心和行為是絕對對立的（羅三 20–28；四 4–5，13–17；十 1–13；十一 6；加二 16–21；三 2–14, 21 至四 31；弗二 8–9；提前一 9）」（2007: 217–218；強調出自原文）。

也有激烈爭論：一些人認為路德本人（以及相當多比例的路德宗的傳統）對律法的「第三功用」[32] 的態度相當開放，甚至是認可的。儘管路德宗神學家恩格爾布雷希特（Edward A. Engelbrecht）肯定了「律法與福音的辯證」，但他辯稱路德，墨蘭頓（Melanchthon）和協同書（the Formula of Concord）都完全贊同律法對基督徒具有的「第三功用」。[33] **律法與福音：是敵是友?**

許多事情都取決於如何理解整本正典的連續性和非連續性。我想讓約翰 · 傅瑞姆（John Frame）為探索這一重要問題做開路先鋒。傅瑞姆所著的短文《律法與福音》[34] 十分有益。我們憑藉信心領受基督所成之工，但傅瑞姆指出信心也是神所命令的，「就像其他神聖的命令一樣」。[35] 傅瑞姆認為：「不可能說命令或律法被排除在福音信息之外。」[36] 傅瑞姆自覺且刻意地與律法與福音徹底對立的立場保持距離。他轉向以賽亞書五十二章 7 節，進而寫道：「因此，從某種重要意義上講，福音包含了律法：神國度的權柄，祂讓人悔改的要求。即使在最推崇律法與福音相區別的人看

[32] 見 Engelbrecht 2011 和 S. R. Murray 2002. 2005 年七月到十月的所有 *Concordia Theological Quarterly* 期刊都用以專門討論路德宗神學中關於律法使用的問題。

[33] Engelbrecht 2011: 252–253.

[34] Frame 2002.

[35] 同上 3。

[36] 同上。

來，福音也包含了叫人相信的命令。」[37] 傅瑞姆認為，福音是神與人交往的**第一步**。他接着說：「這是十誡的模式，正如我們所見：神宣告祂已經救贖了祂的百姓（福音），然後要求他們行事為人像恩約下的百姓（律法）。既然福音和律法都包含在神的恩約之中，這一模式便貫穿了整本《聖經》。」[38] 傅瑞姆也帶出了一個對本專著論點至關重要的顧慮：一不留神，對得救尤其是對稱義的特定理解，會引致不合乎《聖經》的消極態度。如此，有些人帶着可嘉的熱誠去捍衛稱義的客觀性（即基督在我們之外已經做了我們稱義所必需的），卻不能很有意義地論述信徒內在經歷的主觀改變。傅瑞姆解釋說：

> 此理解（熱心捍衛稱義的客觀性）聚焦於稱義：神在客觀上算我們為義，是因着基督的緣故，而不是因為我們裡面有什麼。但這傾向於忽視重生和成聖：神在被稱為義的人身上的確工作，帶來主體真實的改變。[39]

在一篇有關克萊恩（Meredith Kline）的長篇評論《國度的序幕：創世記作為恩約世界觀的基礎》中，傅瑞

---

37 同上。
38 同上 3–4。
39 同上 4。

姆給出了許多建設性的評論。儘管克萊恩的許多觀點我都能認同，但對照傅瑞姆和克萊恩對人的順服——尤其在亞伯拉罕和摩西之約下——的觀點十分有幫助。克萊恩是一位嚴謹的解經家，他清楚地看到各種各樣的「條件」都給予了神的百姓，這些條件規定了善行、順服和忠信的必要性。當我們談及亞伯拉罕之約時，克萊恩必須得考量那些不斷重申的「條件」，他們必須被滿足，以致於亞伯拉罕和他的後裔能持續得着恩約的祝福。他在此澄清：順服是神向亞伯拉罕和他的後裔傾倒恩約祝福的必要條件（尤其參看：創十八19；二十二15–18；二十六4–5）時。克萊恩寫道：

> 對人類責任的制約條件必然納入應許之約的規條中。該制約條件並不否認對國度實現的保證，規定的職責也不違背純粹的福音恩典原則，該原則支配着永恆救贖祝福的賜予。[40]

既有恩典又有條件，這固然很好。事實上，克萊恩寫道：「脫離人的責任，恩約的神聖應許就不復存在。」[41] 這就是我要論證的重點。在討論亞伯拉罕的順

[40] Kline 2006: 309；引自 Frame 2011: 177–178。
[41] Kline 2006: 309.

服時，克萊恩繼續論證「順服的不可或缺性」。[42] 從「行為之約」和「恩典之約」巨大差別的角度，克萊恩以有趣的方式解釋了這清楚的制約條件。他斷言「順服的不可或缺性並不等同於立功之法」。[43] 克萊恩認為，我們得救賴於某種「立功之法」（耶穌替我們所行的）。既然亞伯拉罕的行為（或最終我們的行為）必須與任何「立功之法」區分開來，那麼基督的行為也必須與亞伯拉罕（或我們）的行為區分開來。因此，亞伯拉罕（或我們）的行為／順服必須完完全全避免與救贖有任何有意義的關聯。在論到亞伯拉罕的順服和神賜予的恩約祝福之間真實而必然的關係時，克萊恩說：

> 在此，亞伯拉罕行為的意義不只限於對他自己信仰的確認。他忠實地履行了恩約所規定的義務，顯然這促成了以撒和以色列的蒙福。它使他人得着了賞賜，具有值得讚許的品質。[44]

克萊恩與筆者不同之處在於：克萊恩認為在創世記中遍佈了與亞伯拉罕之約最終實現有關的「條件」。亞伯拉罕的順服是神持續賜下恩約祝福並兌現亞伯拉

[42] 同上 319。
[43] 同上。
[44] 同上 324–325。

罕之約應許的「條件」（就本文而言，我們僅僅確認創 12、15、17 和 22 章都是神與亞伯拉罕關係的組成部分）。[45] 克萊恩預設以下兩者存在天壤之別：第一，屬世／暫時的恩約祝福——與以色列人繼承迦南地相關；第二，屬靈／屬天的祝福——關乎亞伯拉罕個人得救的，以及他的後裔在基督裡的。如克萊恩所寫：「雖然亞伯拉罕的順服不是承受天國的基礎，卻是以色列人繼承迦南的基礎。我們不會因為亞伯拉罕的順服而得救，但正是藉着他的順服，救恩就從亞伯拉罕的後裔猶太人那裡出來（約四 22）。」[46]

對克萊恩的觀點，我既贊同又反對。他認為亞伯拉罕之約有其制約條件，這是對的。但是當他提出暫時／屬世與屬天／永恆的絕對二分法，並認為暫時／屬世的國度（「立功之法」在此國度起作用）和這些條件（因此必須順服）有關，但是屬天／屬靈的國度（「恩典之法」在該國度起作用）和這些條件（因此不必順服）無關，這樣的分類是不必要也不符合《聖經》的。按照《聖經》來看，神以恩典拯救世人，並在仁慈的恩約關係中期待祂的子民順服於祂，也切實有效地感動祂的子民順服於祂（參：腓二 12–13），難道這不更有

[45] 對亞伯拉罕之約各種要素的有益總結，見 Alexander 1994。

[46] Kline 2006: 325.

意義嗎？在此，我更贊同傅瑞姆而不是克萊恩的觀點。關於新約信徒，傅瑞姆寫道：

> 現今，我們單憑信心而非行為得救。但若是真信心，必定是活的、帶出行為的信心（雅二14－26）。即使在困苦患難中，神也會賞賜我們的信靠，如同亞伯拉罕那樣（可十29－30）。這些獎賞只是我們在神的國度最終完滿時要繼承的賞賜的開端。[47]

傅瑞姆在總結他對摩西之約的看法時，再次以批評克萊恩的方式寫下了相似的內容：

> 神以恩典救贖了他們（以色列人），以愛揀選了他們，他們理當聽從祂的命令……但是這與新約的模式並沒有本質區別。那約也是靠着神的恩典建立。但藉着受洗和認信（羅十9－10），信徒承諾跟隨基督，以祂為主。[48]

換言之，傅瑞姆認為，在整本正典中神藉着恩典救贖了祂的百姓。這與我的觀點不謀而合。**一旦人和**

[47] Frame 2011: 181.

[48] 同上 186。

神進入恩約關係，神**就**賜給祂的百姓命令、律例和法度等。神期待祂的百姓聽從祂的話。

理查德・葛富恩的真知灼見

理查德・葛富恩（Richard Gaffin）寫道：「信心和善行雖然大有分別，但又總能互相代表。談論一方必然想到另一方；離開一方就很難理解另一方。他們總是互不混淆又不可分割地並存着。」[49] 葛富恩隨後的話頗有爭議。他認為「律法和福音」的對立是真實的，但僅是在墮落之後的現實的一部分，福音要做的事情之一就是取消該對立：

> 從這個角度看，律法與福音的對立不是目的本身。它不是神學上的終極。相反，該對立不是因創造而出現，乃是罪的結果，福音的功用就是為了克服該對立。福音的目的就是要在信徒生命中消除律法與福音絕對的對立。怎麼會這樣呢？簡言之，離開福音，在基督之外，律法就是我的敵人，會譴責我。為什麼呢？因為**神**是我的敵人，會譴責我。然而，藉着福音並在基督裡，靠着信心與祂聯合，律法就不再是

[49] Gaffin 2006: 103.

> 我們的敵人，乃是朋友了。為什麼呢？因為現在**神**不再是我們的敵人，乃是朋友了，還有**律法**，就是祂的旨意。律法的道德核心反映神的屬性、祂自己永恆內在的關切以及祂所喜悅的，現在成了我與神團契的友善的指導。[50]

葛富恩將信心、與基督聯合和持久的順服這三者聯繫起來：「因信罪人被稱義，信心使人聯於基督，確保罪人在基督裡能得着救恩的所有好處，這信心堅守到底，在堅忍中它也絕非孤行。」[51] 葛富恩在同一著作中又說：「對救主上帝的信心就是不懈地遵行祂的旨意。」[52] 第五章重點討論與基督聯合，將更詳細地解釋葛富恩的基本見解。

霍志恒論律法與恩典

有人認為，霍志恒（Geerhardus Vos）是當代福音派聖經神學復興的鼻祖，影響了整個福音派的聖經神學。霍志恒的話很好地概括了本書的總體論點：

---

[50] 同上 103；重點強調出自原著。

[51] 同上 105。

[52] 同上 78。

> 顯而易見，遵守律法在那時（摩西之約）不是以功德為基礎去繼承生命。後者（繼承生命）唯獨基於恩典，正如保羅所強調的，救恩乃是基於恩典。縱然如此，即使認為遵守律法不是得救的基礎，卻是保留繼承權的基礎，這樣的觀點仍當給予駁斥。當然，這裡不可否認有一個真正的關聯。但是猶太主義者錯誤地認為該關聯必須是**功德性**的，意即如果以色列人藉着遵守神的律法來保留耶和華所賜的珍貴賞賜，結局必當如此，因為從嚴格的公平意義上，他們已經賺得這些賞賜。但該關聯是截然不同的類別。它不屬於有關律法範疇的功德，而是屬於象徵範疇的**得體表達**。[53]

霍志恒在《聖經神學》同一章節稍後寫道：「遵行律法不是蒙福的功德基礎。」[54] 因着許多原因，該引述頗令人注目。霍志恒是傳統神學、改革宗神學和聖經神學的重要支持者之一。同時，霍志恒與約翰．穆雷（John Murray）、約翰．傅瑞姆等人都否認「立功之法」是摩西之約的核心。在「保羅新觀」被發明出來之前，霍志恒難道已經對其青睞有加？換言之，據

[53] Vos 1954: 127; 引用 Frame 2008: 207; 重點強調出自原著。
[54] Vos 1954: 128.

霍志恒所言，難道摩西的制度教導我們靠恩典進入恩約，然後靠行為持守？「難道以色列人是靠着行為或順服保持他們最初靠恩典得着的東西嗎？」霍志恒的回答是肯定的（如果理解恰當的話）。霍志恒認為，以色列人不是因為善功而得以「持守所繼承的特權」。然而，在靠恩典「持守所繼承的特權」和「遵行律法」之間存在「**真正的關聯**」（霍志恒的用語是 real connection）。那麼，持守特權和遵行律法之間關係的本質是什麼呢？在霍志恒看來，「遵行律法」不屬於「律法層面」（它將包括或引致「功德」的概念），而屬於「象徵範疇的**得體表達**」。[55] 霍志恒的這一說法非常吸引人。「遵行律法」至關重要但不是在「功德」層面。而是，「遵行律法」體現了「表達的得體」。我視之為意味着，從在神面前建立功德的角度而言，「遵行律法」是不必要的；但是，對於因神的恩典被救贖的人，順服（包括「遵行律法」而來的順服）神是必須且適宜的。如此一來，我們又回到了本書的中心主題：神要拯救和改變那些要發自內心愛神、榮耀神和服侍神的人。善行、順服和忠信是「必須的」，由於這些事實無非是**被贖生命的組成部分**。這樣的生命流露自一顆靠着神的恩典被徹底改變了的心靈。用霍志恒的話說，「遵行律法」不是為了積功德；但是對於得蒙救贖的人的生活而言，

[55] 同上 127；重點強調出自原著。

「遵行律法」(善行、順服、忠信)是「適宜的」。如果:(1)不要錯誤地將恩典和人的行為相對立;(2)避免把自發的討神喜悅的善行、順服和忠信的概念等同於「必要性」;這樣我們就可以有意義地談論基督徒生活中善行、順服和忠信的必要性,同時不損害**唯獨信心**和上帝神聖恩典的超脫本質。

霍志恒繼而談到律法「並非如後期猶太人信仰經歷中的重擔和枷鎖,而是耶和華賜給祂百姓極大的祝福和榮耀之一。」[56] 因此,在霍志恒看來,人們不應該「消極地認為《舊約》是關乎律法,而《新約》是關乎福音的」。[57] 至少在這點上,本書與霍志恒的觀點一致。「神權治下有真福音」,這是真切的。[58] 霍志恒關於摩西律法體制內的恩典或甚至「福音」的論述值得詳細引用:

> 那時,神的子民不是活在無法實行、沒有救贖的宗教體系內——一個無法就近神且與神有屬靈關係的體系。該福音元素也並非僅僅在那些先於律法、伴隨着律法和緊跟着律法的啟示中;它也存在**於律法中**。我們所稱的「律法體系」,貫穿着福音、

56 同上 128。
57 同上。
58 同上。

> 恩典和信心。這在禮儀律法中尤其豐富。每次獻祭和潔淨都表明了恩典的原則。不然的話，對積極而至關重要的連續性的觀念就必須被廢棄。取而代之的將是衝突和對抗。這是諾斯底派的立場，而不是《舊約》、保羅或教會神學的觀點。[59]

我和霍志恒都認為，行為和恩典未必互相衝突。我看不出來可以用任何其他方式來理解《聖經》的內容。神是一位以恩典施行拯救的神，期待祂的子民順服於祂，並且感動祂的子民順服於祂。這一順服是「必要」，而且在對神恩典的根本性的確認上絲毫並未妥協。

律法原不本乎信——但在律法中有恩典嗎?

《聖經》中有好些部分以極其負面的方式呈現有關律法的議題；的確，這些地方律法顯然都被說成與信相悖，或不本乎信。加拉太書三章 12 節是相關的最重要的經文之一。

---

[59] 同上 129；重點強調出自原著。然而，令人饒有興致的是，霍志恆顯然揚棄了這個觀點，並仍然強調摩西律法體制的「律法特性」。由於摩西律法體制的「律法特性」，它不同於「現今（神的啟示）呈現的形式」（同上）。

加拉太書三章10–12節

論及（對亞伯拉罕的）應許、（賜予摩西的）律法和福音之間關係，**最常引用的經文**是加拉太書三章12節，那裡保羅宣稱「律法原不本乎信」。在加拉太書三章12節和羅馬書十章5節，保羅都引用了利未記十八章5節的內容。重要的是如何理解這一連串經文所要傳達的內容。

先來看利未記十八章5節。如果透過上下文來看利未記十八章5節，我們就注意到十八4說：「你們要遵我的典章，守我的律例，按此而行。我是耶和華你們的神。」然後十八5說：「所以，你們要守我的律例典章，人若遵行，就必因此活着。我是耶和華。」當然，對於如何理解加拉太書中提到的利未記十八章5節仍有爭議。[60] 理解對利未記十八章5節的引用至少涉及三個重要問題：（1）利未記十八章5節的原本意圖是什麼？（2）保羅在羅馬書十章5節中是如何引用利未記十八章5節的？（3）保羅在加拉太書三章12節中是如何使用利未記十八章5節的？在《舊約》的背景下，神似乎不太可能給出「行為之約」或「行為」的選擇，使人們可以藉此得救、稱義等等。更可能的是，神在教導祂的子民：（1）祂是立約的神；（2）祂期待祂的子民遵行祂的話；（3）順服神必蒙祝福。

[60] 見 Sprinkle: 2008。

至於《新約》如何引用該重要經文則涉及到不同的問題。例如，保羅出於自身目的是如何使用該經文的？鑒於我在這裡的目標有限度，我無法提供任何可算為詳盡的答案。當然，無論保羅在加拉太書三章12節想表達什麼，他不可能認為在《舊約》時代，包括摩西律法體制，信心完全不存在。希伯來書十一章將亞伯拉罕和摩西都作為有信心之人的範例（參看：來十一8–31）。[61] 保羅不可能是在比較通向稱義的兩條合法途徑：即《舊約》靠行為，和《新約》靠信心。[62] 利未記十八章5節顯然並沒有給出一條合理的稱義途徑，[63] 而是清楚講到當人與神立約下的信心生活。保羅引用了哈巴谷書二章4節的內容，該節直截了當地提到人與神立約下的信心生活，這使得加拉太書三章12節變得略微複雜。因此，利未記十八章5節和哈巴谷書二章4節在各自的語境中，都的確談及與神立約下

[61] 我曉得一些人在使用希伯來書來幫助理解保羅時會猶豫。我只是試圖在信仰的類比（*analogia fidei*），或聖經的類推（analogia Scripturae）的範圍內處理：必須以經解經（見Blocher 1987）。

[62] 當我談到「合法的」或「建議的」稱義途徑時，我假設神從來沒有希望人靠行為稱義。

[63] 另一個問題是，利十八5是否隱含了靠行為的稱義途徑。換言之，可能（不太實際地）利十八5暗示了，如果有人選擇靠行為稱義（儘管十分愚蠢地），並且能夠完全遵守神的一切誡命，事實上那人能因此稱義。但是沒人能做得到，因此稱義的唯一途徑是信心。

的信心生活，一種行善且順服的信心。換言之，神以恩典帶人進入恩約關係中，一旦進入該關係，神就發出命令並賜下律例，這一切都要遵守。

但保羅寫作加拉太書三章 12 節時的背景和目的截然不同。從加拉太書三章 10 節可以看出，保羅關注的是駁斥那些「以行律法為本」的人。這些人是受咒詛的，因為他們相信人要靠行為才得就近神。但申命記二十七章 26 節說：「不堅守遵行這律法的，必受咒詛！」任何試圖以行為為本的方式去親近神的人都會受到咒詛，因為靠行為是無法親近神的。確實地，保羅在三章 11 節又接着說：「**沒有一個人**靠着律法在神面前稱義」。然後，保羅轉向哈巴谷書二章 4 節和利未記十八章 5 節，這兩處經文都清楚地談到信心生活。

保羅乃至整本正典都教導說，在新約中，神的子民遵行祂的旨意是發自內心的，因為神將祂的聖靈放在子民心中，使他們與基督聯合（單憑信心），藉着祂的聖靈，使他們行在祂的道路之中，遵行祂的律例。[64]

---

[64] 要理解保羅的話「律法原不本乎信」，幾乎需要人們總體瞭解聖經的律法神學。我的簡述如下（在此我引據 Blocher 2001: 121–123 的見解）：布洛徹教授好意地為他著作的這一部分提供了翻譯和總結。從某種意義上而言，神的律法只是祂的道德期望。祂的律法既不是律法主義也並非不堪重負，律法的主要的目不是作為陪襯將我們驅趕到福音。神創造了人，把人安置在伊甸園中並顯明了祂的心意。從根本上說，這是神良善和公義的作為。但是，當

無論是在《舊約》還是在《新約》，信心都是信徒生

罪進入這個世界之後，律法會以不同的方式發揮作用。在我和布洛徹的私下交流中，布洛徹指出在罪進入這個世界之後，律法「指責罪是罪」。但是，「這個新功用不是新的意義，它是個必然邏輯結論：它定義了何謂公義，它也定義（並指責）何謂不義」。在我們與神的關係中思考律法，「律法」純粹是神的旨意，為祂的榮耀和我們的好處而親切地顯明給我們。「律法主義」是什麼時候出現的呢？正如布洛徹所說的：「律法主義始於罪人，他們在律法制度之下，想像自己能夠**靠着遵行律法規定的行為而得生命，被神接納**」（重點強調出自原著）。就人靠遵行律法而尋求神接納而言，這人當然在律法的咒詛之下：因為沒有人（除了順服的聖子耶穌）能夠完全順服天父。但律法本意不是為了使人感到沮喪或成為咒詛。律法本身是聖潔、公義、良善的（羅七 7、12）。它甚至能（正確運用時）蘇醒人心（詩十九 7）。一旦人與神進入恩約關係，就當遵行祂的旨意（部分在律法中已表明——是必然要做出的改變（*mutatis mutandis*），是從舊約到新約，從應許和影像時代到成就和現實的救贖歷史的轉變（來八 5；十 1）。神的律法，轉變為新約的關鍵，理應被遵守。不要忘記《舊約》裡使用了「新約」一詞的一個地方（耶三十 31–34），新約的重要標誌是：神將祂的律法放在恩約百姓裡面，寫在他們心上（耶三十一 33）。藉着聖靈，藉着十字架和復活本身的能力，由於復活的永遠的大祭司耶穌為我們的中保，神的子民擁有順服祂的屬靈能力。耶穌在我們的位置上順服了天父（祂確實是順服的聖子，順服的彌賽亞），但是祂為我們的順服並沒有否認神恩約百姓順服的重要性。相反，耶穌為我們的順服是我們順服的根基和基礎。我們對天父的順服源於耶穌對天父的順服。正如布洛徹所言：「在新體制中，他們（神的子民）活着並被接納是因着另一個人的行為／順服，這個人代替了他們，甚至替他們受刑罰。**在信心、恩典、福音的體制下，他們順服神的規範**作為生活方式，但是他們已不再在律法之下」（重點強調出自原著）。

活的一部分。保羅在加拉太書三章 12 節沒有說信心在第一世紀才出現。他似乎在說「律法」——縮短地表達一種靠遵行律法得着神讚賞的嘗試——不是本乎信。「全本《聖經》」的神學有兩個要點支持我的看法：第一，貫穿整本正典，神首先以恩典救贖人類，然後賜下誡命。《聖經》沒有一處說蒙神悅納的主要方式是遵行律法。第二，該理解符合保羅的教導，例如羅馬書九章 30–33 節。保羅在羅馬書九章 30–33 節處理一個棘手的問題：為什麼猶太人（總體上）沒有得着「一個能通向公義的律法」（九 31）？保羅當然不認為以色列人失敗是因為與律法間的本質性的問題（但願永遠不會如此！參看：羅七 7、10、12）。以色列人失敗是因為他們沒有追求**憑着信心**來達致公義的律法；相反卻「只憑着行為」追求憑着信心來達致公義的律法（九 32）。

從根本或本質上來說，加拉太書三章 12 節的好些問題不是律法本身。問題在於人，以及人如何看待律法。在救贖歷史的每個時代，都要憑着信心去追求律法。真正的義是藉着信心。律法「不本乎信」，因為總要先有信心；我們對律法的順服應當是被信心充滿和被聖靈激發的，對上帝命令的順服。律法本來就不是稱義或蒙神悅納的方式。當人脫離或撇開信心追求律法，或認為人可以以某種自主的能力遵行所有神的誡命，那就完全誤解了整個恩典或順服的結構。神的命令是良善恩慈的，總是讓有信心之人去遵守。若人選擇拋開信心來追求律法，或者相信人能夠自主地遵守神所有的律法，就完全錯置了律法的位置，也誤解了信心在親近神過程中的優先性和中心性。

附記：約翰・歐文談恩約

在此我要談論一下約翰・歐文關於恩約本質，尤其是新約本質的一些重要見解。約翰・歐文寫道：「所有神學……奠基於恩約。」[65] 這毫無疑問是正確的。我們對歐文感興趣在於他對希伯來書八章 6 節的高度重視和對它所作的註釋。希伯來書八章 6 節寫道：「如今耶穌所得的職任是更美的，正如他作更美之約的中保。這約原是憑更美之應許立的。」

其中一個重要問題就是新約之「新」。對此，歐文是一位很有幫助的對話夥伴。當他嘗試努力解決新約之「新」時，顯然是在改革宗的傳統中運作，但歐文也在該傳統中提交了一份鮮有的「少數派報告」。歐文將新約的優越性與新約祭司基督的優越性恰當地聯繫在一起。顯然，這正是希伯來書作者所主張的：更好的祭司意味着更美之約（來 7–10）。但這本身並不一定意味着新約在質量上更好，雖然我們在最後會得出這樣的結論（即新約的確在質量上是更美之約）。

---

[65] Owen 1661: 44；引自 Gatiss 2013: 154。

當歐文在希伯來書第八章談舊約時，他指的是摩西之約。歐文認為摩西之約中有恩典的成分（以及亞當之體制或亞當之約），這一理解特別引人注目。歐文說：「在每個聖約中都有無限的恩典。」「這在神有極大的俯就，當祂與塵土、灰燼和地上的可憐蟲一同立約。一切恩典的泉源在於此，所有恩典的河流由此湧出。」[66] 加蒂斯（Gatiss）總結了歐文的觀點：「新約和行為之約都給予同樣的獎賞（和懲罰）。而亞當唯獨依靠神最自由的善意，才不至滅亡。」[67] 關於亞當之體制或亞當之約中的恩慈，加蒂斯說：

> 在歐文看來，在亞當因恩所獲的約中，有某種不應得的、非功績（無法賺取）的恩典。順服和應許的獎賞之間並非對等，獎賞「的確也是出於恩典，獎賞且大大超過了我們順服的功績。」[68]

歐文又說：「從絕對公義的層面而言在神裡面有永生的應許……已經超過了所要求的順服的價值，所以這是美善和恩典的額外果效。」[69] 最後，在寫到行

---

[66] Owen 1991: 6: 68；引自 Gatiss 2013: 170。
[67] 同上 171。
[68] Owen 1991, 6: 69 (cf. 6: 66)；引自 Gatiss 2013: 172。
[69] Owen 1991, 2: 345；引自 Gatiss 2013: 172。

為之約時歐文說：「對於約中的順服和附屬的獎賞，都有超多的美善和恩典的混合。」[70]

正如加蒂斯指出的，或許歐文理解新約之「新」或新約的「改善」的最重要部分在於第一世紀所發生的特定的救贖歷史轉變。該轉變涉及了希伯來書八章6節中 *nenomothetētal*（被實施，和合本作「立」）一詞的使用。歐文的主要觀點就是，新約在《舊約》時期以應許的形式存在，在第一世紀藉着耶穌的受死、埋葬和復活，得以完成和建立。歐文寫道：

> （新約）從前藏匿於應許和許多模糊之事中，其主要奧秘藏匿於神自身之內，現在已顯露出來了；這曾經眼不能見的應許，曾在預表和影子下發揮功效的約，而今在基督的死和復活中被正式成就、准許和證實了。在應許被確認之先，它已存在，是誓言；現今是已被證實的約，是寶血。以前沒有可見或外在的崇拜是適合它和它所特有的，而今成了整個教會崇拜的唯一原則和途徑，除了屬於它和它所指定的事物以外，不能摻入任何其他東西。藉着 *nenomothetētai*，新約的「合法建立」，使徒指向新約敬拜的所有條例。[71]

70 Owen 1965, 14: 184；引自 Gatiss 2013: 174。

71 Owen 1991, 6: 64；引自 Gatiss 2013: 177。

饒有趣味的是，當有人說恩典之約（1）在某個時期曾被應許（在《舊約》時期），（2）在另一個時期被合法設立（在《新約》時期，藉着耶穌的受死、埋葬和復活），對一個永恆的「恩典之約」進行假設，這約然後在恩約歷史的不同時期（亞伯拉罕，摩西，大衛，新約）中顯露，做該假設的壓力就減少。換言之，說一個永恆的「恩典之約」在恩約歷史不同時期（亞伯拉罕，摩西，大衛，新約）中顯露，與說一個歷史性的「恩典之約」在《舊約》時代被應許，然後在《新約》時代被建立，這兩種說法截然不同。

本專著關注的是歐文如何理解恩典之約中的條件和順服。加蒂斯的結論是：

> 恩典之約不是無條件的，由於神要求在恩典之約中要有順服，此外「該約主要的應許」首先不是對我們在約中的順服進行**報償**，而是**有效地假定**我們進入了恩約，並在恩約中被建立、堅定。[72]

加蒂斯總結說：「在我們順服之先，恩典之約賜予了我們所應許之事，甚至連帶來赦免的信心也是恩典之約賜予的（因此，赦免不被認為是信的獎賞）」。[73]

[72] Owen 1991, 6: 69；引自 Gatiss 2013: 181；重點出自原著。
[73] Gatiss 2013: 181.

就本書而言，歐文的主要貢獻是：

第一，他正確地看待《舊約》時期的恩典，確認該恩典與耶穌的死、埋葬和復活相關。歐文談到《舊約》時期對新約的應許和《新約》時期裡新約的設立。這樣《舊約》時的人可以靠着恩典得蒙拯救；但是該恩典是以基督和福音為中心的，在此恩典中，雖然《舊約》聖徒活在《舊約》時代和舊約之中，但是他們最終藉着已應許或已預示的基督受死得蒙拯救。

第二，相比起一些改革宗認為摩西之約實質上是恩典之約（或是恩典之約的體現），歐文反而認為摩西之約（或舊約）「宣佈」（declaring）了行為之約。歐文沒有用「重新頒佈」（republication）的語言（摩西之約是行為之約的「重新頒佈」——重申），但是為了忠於如《新約》希伯來書 8–9 章這樣的經文對「更美之約」的描述，他區分了舊約和新約。

第三，歐文認為恩典之約「盛開」在新約中，而舊約（摩西之約）則是另一個盟約。嚴格說來，行為之約是因亞當未能守約而被終止的盟約。

歐文是位神學巨匠，與他的觀點相左令我略感驚恐。不過，聖經神學的部分使命是在必要時挑戰廣為接納的神學公式，如果遵循不斷歸正（*semper reformanda*）的宗教改革原則就更當如此。和歐文一樣，我們可以肯定《新約》（尤其是來八到九章）中「更美之約」的語言，有助於我們明白新約究竟「更美」和

「新」在何處。既然歐文希望把罪得赦免和罪人得救根植於基督和祂的工作，那麼將《舊約》的赦罪和耶穌的受死、埋葬、復活之間的關聯提出來則是符合《聖經》的明智之舉。歐文認為，《新約》確定了《舊約》所應許的新約，這一想法的大方向似乎是對的。

然而，似乎沒有必要假設一個行為之約，該約後來在摩西之約中再次被「宣佈」（未必是「重新頒佈」）。事實上，歐文的改革宗同僚認為摩西之約是恩典之約的看法可能抓住了要義。此處的部分張力在於把行為與某種行為之約聯繫在一起的傾向。如果「行為」來自一個相信《聖經》中的神的人的心，那麼當我們提及行為時（例如：在摩西之約中），顯然沒有必要訴諸「行為之約」。然而，假如在每個與主的恩約關係中——從亞當到新約——有主權的立約的主呼召祂的子民要順服於祂，如此一來就減輕了把「行為」與「行為之約」聯繫起來的神學壓力。當神呼召某群百姓歸於祂時，祂是在呼召他們順服祂。祂先以恩典施行拯救，然後呼召祂的百姓順服，或如在神與亞當的關係中，神（先）創造了亞當，然後供應亞當一切所需；那時，亞當並不需要被拯救。因此當人曉得神的命令時，就不必感到忐忑不安。

問題並非已經解決，我們也不可回避難題。新約確實在質量上而非僅僅數量上具有嶄新之處。認定新約在質上比舊約更好並非必須要有律法與福音的鮮明對峙。可以說：（1）神總以恩典施行拯救，（2）祂要求所有與祂有關的人（不論是《舊約》還是《新約》時期）的順服，（3）耶穌受死、埋葬、復活是一切赦免之恩的源泉（並一切克己、成聖、忠信、善行和順服的源泉），（4）新約在數量上比舊約更好（所有恩約成員都有受割禮的心並被重生），（5）新約在質量上更優越，有更美的祭司，更好的應許，更好的獻祭，以及更豐滿的聖靈的澆灌。

總結

聖經神學的目的之一就是根據《聖經》細節理解《聖經》整體，且根據《聖經》整體內容理解《聖經》細節——簡言之，要理解《聖經》的整體故事脈絡和意義，就不能草率對待《聖經》的具體教導和故事。在這方面，一個重要的問題就是聖經恩約的本質，尤其是舊約和新約之間的連續性和非連續性。我在本章試圖把一些重要問題具體化，是關於新約之新的問題，以及律法與福音的互補關係。從舊約到新約是有發展的：新約在數量和質量上都比舊約更勝一籌。

我已表明：整本正典都在講靠恩典得救；同樣，整本正典都有對善行、順服和忠信的期待。我贊同亨利 · 布洛徹的觀點。我認為舊約和新約之間具有根本上的連續性，但從舊約到新約亦有某種「發展」。我認為不應過度誇大律法和福音間的反差。在約翰 · 傅瑞姆和理查德 · 葛富恩的基礎上，我認為在律法中有恩典，福音沒有讓我們逃脫要順服恩約的主的責任。本章附記簡略探討了約翰 · 歐文對新約本質的一些真知灼見。

《聖經》教導的核心是救贖。在《新約》中，基督為我們受死是此事件的核心。對新約中善行、順服和忠信的任何理解都必須與基督的救贖之功相連，這也是我們接下來要討論的。

第四章

十字架與善行、順服和忠信的現實性

我曾在大學教本科生多年。那裡有許多聰明的年輕人，他們中的好些人初來學校時似乎帶着真實且誠摯的敬虔，並且有服侍神的渴慕。他們渴望學習，熱切盼望能潛心鑽研《聖經》。在某種程度上，他們曉得自己是靠恩典得救的。然而，如果你深入挖掘、探究他們對基督徒生活以及對追求聖潔的看法，就會撞到石頭地上。具體來說，通常少許人能把自己與基督的持續關係，包括追求聖潔，跟福音聯繫起來。至少在我的經驗中，這個弱點在許多教會都顯露出來。我認為，把一個人與主持續的關係和持續追求聖潔跟福音聯繫起來至關重要。具體而言，我們在基督裡持續的順服和成長源於十字架。我毫不覺得自己在此處的見解別具一格。正如托馬斯 · 奧登（Tom Oden）認為的那樣，至少大多數時候我希望自己在「做神學」上不是在獨創。[1] 本章要參考幾處重要經文，這些經文把基督救贖之功與我們的善行、順服和忠信聯繫起來。該聯繫在有些經文中是顯而易見的，而有些卻不然。

重要經文

羅馬書八章3–4節

羅馬書八章 3–4 節非常引人注目，既因為它所談及的，也因為它所未談及的：

---

[1] Oden 1990.

律法既因肉體軟弱，有所不能行的，神就差遣自己的兒子，成為罪身的形狀，作了贖罪祭，在肉體中定了罪案，使律法的義成就在我們這不隨從肉體、只隨從聖靈的人身上。

約翰 · 派博（John Piper）在他對 N. T. 賴特的批評中，給羅馬書八章 4 節加了附錄，這是可以理解的。[2] 派博正確地指出，保羅並非（僅僅地）說耶穌為我們遵守了律法。其它經文證明，基督的確是為了我們遵守律法。或許我們會認為，由於基督替我們遵守了律法，使得在我們身上成就律法的義成為可能，[3] 不過我們必須忠於保羅在羅馬書八章 4 節的原意。[4] 即使我們

[2] Piper 2007: 215–225.

[3] 參看鄧布雷（Dumbrell）：「對保羅而言，問題並不在於擺脫神聖義務，而是在於，新約時期應被賦予新約一直所需的正確的內在引導（參七 9–13）。」（2005: 86）

[4] Piper 2007: 225. 派博為自己的立場提供了三條總結，均與拙著共鳴：（1）「我們的愛雖不完全，但卻是真實、依賴於神、出於聖靈且高舉基督的愛，它**源於**我們的稱義，但不是稱義的途徑。因此，這是律法所追求和新約應許的新方向。總之，**高舉基督的愛作為信心的果子**，正是律法所追求的。」（2）「基督顯現時要在我們裡面成就最終和完全的愛，我們不完全的愛乃是這完全之愛所結的初熟果子。羅八 4 並沒有說，律法**如今**在我們裡面得以完全。但是，現今我們確實已經**開始**與聖靈同行，律法所要求的義也開始在我們裡面實現。」（3）我們不完全的愛是信耶穌

解讀為保羅在教導基督徒——要靠着聖靈的能力和道成肉身以及贖罪的功效——要「成全」律法，「成全」也必須放在救贖的歷史中去解釋。鄧恩（Dunn）正確地指出：「這必然意味着更深層次上的『成全』——眾多具體要求背後有一則根本要求（再次強調是單數），而它正是具體要求想要表達的特徵和目的。」[5] 鄧恩總結：「在保羅看來，律法的功用在於使人曉得神的標準或尺度，並在某種積極層面上去『行』或『遵守』（『完全』，十三 8–10）律法。」[6] 彼得 · 司徒馬赫（Peter Stuhlmacher）也認為：「信徒透過基督的犧牲、藉着聖靈的能力滿足了律法的要求。」[7] 司徒馬赫同樣參考了以西結書三十六章和耶利米書三十一章的內容：

> 因着耶穌的犧牲，神不再認為罪人是偏離了律法的人（參：耶三十一32、34）。當下他們在聖靈的能力中分享了基督的

所結的果子，耶穌本人才是唯一能叫我們在神面前被稱為完全的。換言之，耶穌對律法的遵守是我們唯一可以依靠的稱義的根基。耶穌完全遵行了律法。我們遵行律法並非完全……因為律法在耶穌身上永遠被成全了，所以律法最終在我們裡面也永遠得以成全。我們的不完全和需求彰顯了祂的完全和充足，顯示了基督的至高至尊，這就是律法的目的。（重點強調出自原著）

[5] Dunn 1988: 423.

[6] 同上，424。

[7] Stuhlmacher 1994: 120.

> 順服，同一位聖靈在他們受洗後內住在他們裡面，他們在基督的能力中（參：耶三十一31－34；結三十六27）滿足了神的旨意，這旨意是靠着復活了的主再次放在他們心裡的。[8]

司徒馬赫繼續說，保羅「教導了耶利米書三十一章31–34節中神應許的新啟示和上帝屬靈教導的內化，這一突破，是如何在基督身上並透過基督發生的，以及基督徒又如何在聖靈的能力中遵行了該教導！」[9]

查理斯 · 霍奇（Charles Hodge）不認為這裡指的是人類的行為。他認為羅馬書八章4節歸根結底講的是宣告性稱義。「本節經文肯定是指稱義而非成聖。神對付了罪為的是滿足律法的要求。」[10]

人以某種有意義的方式來成全律法，保羅的這一

---

8 同上。

9 同上，121。

10 Hodge 1993: 232. 為此霍奇（232–233）羅列了以下幾個理由。首先，這「與詞語嚴格的本意相一致」（在上下文中，「義」似乎有宣告的意思）。第二，對《聖經》類似經文進行對比可以看出，這節經文並非在講基督徒真的「成全」了律法（霍奇稱之為「主觀稱義」）。第三，該節經文最後講到「不隨從肉體」，這裡最好把這節經文看成在講稱義，否則保羅就是在畫蛇添足：「基督死了，為要使聖潔的成為聖潔。」第四，事實上信徒沒有滿足「律法公義的要求」，保羅因此一定是在講其他的事（宣告稱義）。

教義似乎也困擾着約翰 · 加爾文。加爾文寫道:「他們認為靠着基督的靈,被更新的人完全了律法,這解釋與保羅的本意截然不同;在世寄居的日子裡,信徒根本無法滿足或成全律法的義。」[11]

亨利 · 布洛徹對羅馬書八章 4 節所引申出的深遠含義頗感震驚,這是可以理解的。他寫道:「真是自相矛盾啊!以聖潔的順服為核心的律法卻無法確保人的順服,對於成聖、稱義也都無力相助——但無需行為就能使人稱義的信心讓成聖成為可能和現實。」[12]

這些現代解經家如布洛徹、派博、司徒馬赫,在某種程度上反對加爾文和霍奇等巨匠的觀點。我只想指出,從十字架流出的是**某種真實能力**來「滿足律法公義要求」。雖然本專著並非要再試圖解決與保羅和律法相關的所有棘手問題,但這些問題卻無法忽略。目前,我的觀點是:在新約中,基督的救贖之功不是僅僅讓我們出死入生(約五 24)。救贖之功遠不僅如此。從基督十字架湧流出來的乃是順服神的真實能力,而該能力甚至能用「滿足」律法公義的要求來描述。神差祂的兒子成為祭物,定了罪案,以致神律法的要求「成就在我們身上」。我們也許會期待保羅說「如此就**為**我們成就了律法的要求」,但他卻說「在我們身上」(**en**

[11] Calvin 1981, 19: 283.

[12] Blocher 2011: 12.

hēmin）。[13] 對我們而言，羅馬書八章 3–4 節的重點在於，基督的救贖之功能使屬神的人經歷真實的內在改變。的確，律法公義的要求在信徒身上得到了實現。[14]

羅馬書八章13–14節

羅馬書八章 13–14 節是另一處關鍵經文。約翰．歐文專述克己的專著以羅馬書八章 13–14 節為主題經文，並花大量篇幅處理此章節。在此，保羅說：「你們若順從肉體活着必要死。若靠着聖靈治死身體的惡行必要活着。因為凡被神的靈引導的，都是神的兒子。」歐文論證了克己或治死舊人的必要性。換言之，這是必須發生的事情。如果想活，信徒必需真正地治死舊人。歐文認為，克己要依靠聖靈的能力。每當在《新約》中看到類似的「條件」時，讀者就當留意。我們若指

---

13 正如 Harris (1978) 在其經典論文中所述，必須留意介詞的分量。見 Harris 2012。

14 Rosner (2013: 121–123) 肯定了羅八 3–4 中有法律性的成分（與筆者一致），但他更謹慎地提出，這段經文和我們的行為關聯頗大。因此他寫道：「律法公義的要求得以滿足，或**在我們裡面**得以完全，而這並非靠我們自己」。（123；重點強調出自原著）跟隨 Moo 1996: 483，他寫道：「在羅八 4 中 **plēroō** 的被動語態（『因此，律法公義的要求在我們裡面**得以完全**』）『指的不是我們要做的事情，而是指已經為我們或在我們裡面成就的事情』。」羅斯納也注意到人的動因成分，所以在下一段聲明說：「律法的完全不只是**為信徒**完成，也是**透過信徒**去完成」（123）。

望得生，那麼靠着聖靈治死身體的惡行就是必須被滿足的條件。事實上，歐文的論證正是基於這些論點。如果他的理解是正確的，那麼接着非常基本的問題馬上就出現了：我們可以說自己是「單靠恩典得救」，「單靠信心得救」嗎？歐文說：

> 治死罪惡惟獨源於基督之死。這是基督之死特有且顯著的結局，並確切地由其成就。祂的死破壞了撒旦的作為，無論撒旦在第一次試探始祖時給人性帶來如何的改變，無論他每日如何在我們身上施計逞能，基督受死乃是要毀壞這一切。[15]

或者我們真能說，除了信心之外救贖不需要其他「條件」了嗎？難道也非得像特瑞金（Francis Turretin）和其他許多人那樣，被迫承認行為是救贖的必要條件嗎？

與本書所持觀點一致，歐文認為：我們靠着聖靈治死肉體的行為，這是從十字架流淌出來的事實。歐文在專著結尾時引用了希伯來書二章18節：「祂自己既然被試探而受苦，就能搭救被試探的人。」總而言之，耶穌幫助我們的「能力」源於祂忍受的十架之苦。歐文說：「靠着祂的死，這在各自不同的程度上應當被實現。我們受洗、更新、潔淨無不歸功於祂的寶血。」（約

15 Owen 1965, 6: 83.

壹一7；來一3；啟一5）[16] 他接着說：「基督藉着死敗壞了魔鬼的作為，使我們得着聖靈，祂已勝過罪惡，叫罪不能在信徒身上掌權，信徒就避免了罪的結局、脫離了罪的權勢。」[17] 歐文引用了提多書二章14節：「祂為我們捨了自己，要贖我們脫離一切罪惡，又潔淨我們，特作自己的子民，熱心為善。」以弗所書五章26–27節同樣講到基督為教會死，「要用水藉着道，把教會洗淨，成為聖潔，可以獻給自己，作個榮耀的教會，毫無玷污皺紋等類的病，乃是聖潔沒有瑕疵的」。

關於羅馬書六章2節（我們在罪上死了的人，豈可仍在罪中活着呢？），歐文寫道：「藉着宣告向罪而死；因着如此的義務向罪死；靠善行和治死罪的能力向罪死；靠與基督聯合和關注基督向罪而死（在基督裡、靠基督勝過罪）——我們豈可仍活在罪中？」[18] 歐文又說：「唯有聖靈將基督的**十字架**和十字架勝過罪惡的能力帶到我們生命中；靠着聖靈，我們受洗歸入基督的死。」[19] 歐文的基本見解是不可否認的。基督徒生活中必須要有克己，克己也源於基督的死且由聖靈帶來。請注意，聖靈的職能或工作並不否認人的參與。確切地說，聖靈的職能有效地帶來了人的克己能力。

---

16 同上。
17 同上，85。
18 同上，84。
19 同上，86；重點強調出自原著。

哥林多後書四章7–12節

本段經文對支持我的論點至關重要。保羅說，「我們（保羅和他的同工）身上常帶着耶穌的死，使耶穌的生，也顯明在我們身上」（10 節）。有趣的是，保羅接着說，「我們常為耶穌被交於死地，使耶穌的生，在我們這必死的身上顯明出來」（12 節）。此處至少有好幾個重要問題需要注意。首先，保羅認為基督的死（我們「帶着」的）使耶穌的生顯明（在我們身上）。（10 節）其次，保羅在 11 節重申（角度稍微不同），我們因為耶穌的緣故被交於死地，因此在「我們」這必死的身上，耶穌的生顯明出來。

在保羅看來，藉着（因為）耶穌的死，耶穌的生在我們身上顯明。耶穌的死起先發生「在我們之外」（*extra nos*）。單靠信心，耶穌受死的客觀事實必然導致耶穌的生在我們身上顯明。顯然，保羅的教導與耶穌相似：失喪生命才能得着生命（參：太十 39，十六 25；可八 35；路九 24，十七 33；約十二 25）。我們因耶穌的死才經歷到生。基督徒（如果將保羅的經歷應用到普通的基督徒身上，至少在此處發生必要的轉變）[20] 被交給死亡（為耶穌的緣故），這樣耶穌的生就在信徒生命中成為現實。

應當注意的是，儘管我在贖罪的章節處理這段經

[20] 這段經文對平信徒的適用性，見 Barnett 1997: 229–232。

文，在與基督聯合的章節也同樣可以涉及。保羅認為，基督徒的生命是靠十字架得以被徹底影響和塑造的。的確，現今流行談論「十架」生命，但成為潮流並非意味着不真實。保羅神學的根基在於相信基督的生、死和復活，不可思議地重現在與基督聯合的信徒身上。基督徒「在基督裡」，基督「在」基督徒裡。頭往哪去，身子也往哪去。基督徒在此世生命中忍受苦難——不是偶然也不是為了功德，也不僅僅是為罪。基督徒注定要受苦（提後三 12）。一定程度上，基督徒受苦與主受苦相似。巴尼特（Barnett）總結說：

> 耶穌真切的「死」與「生」在使徒宣教經受和脫離苦難時，在他們的經歷中持續並且延續着。正是藉着奴僕之奴僕生命中苦難和拯救（第5節）的雙重現實，也唯有藉此，基督獨特救贖的真實性才在世上彰顯和持續，並在歷史中延續，直等到基督再來。[21]

以弗所書五章25–27節

保羅在以弗所書五章 25 節教導說，作丈夫的「要愛你們的妻子，正如基督愛教會，為教會捨己。」保

---

[21] 同上，236。

羅不只把該教導作為一個抽象的原則提出來。丈夫要愛妻子如同基督愛教會，為教會捨己，「（**以致**）他要用水藉着道，把教會洗淨，成為聖潔，（**因此**他）可以獻給自己，作個榮耀的教會，毫無玷污皺紋等類的病，乃是聖潔沒有瑕疵的」（26–27 節）。總之，保羅認為：

- 丈夫要愛妻子，正如基督愛教會。
- 基督如此愛教會，為教會捨己。
- 基督為教會捨命，為要達到一些特定目的。
- 特別是：基督為教會捨命，因為祂這樣做的結果將最終成為新娘（教會）聖潔、潔淨的泉源，因為……
- 有一天新娘要成為聖潔沒有瑕疵獻給新郎。

因此，在閱讀保羅書信時，如果只停留在基督愛教會，願意為教會捨己上，我們就刪減了保羅的信息——儘管被縮減了的信息本身已經是好消息了。但是，保羅的觀點更宏大。長期的目標是新娘成聖獻給新郎——新娘的預備實際上源於基督的十字架。[22] 因此，這段經

[22] Erasmus Sarcerius (1542: no p.) 在《以弗所書註釋》中說:「教會的成聖是基督降卑、受苦和受死的果效，不是教會本身的行為和功德。如果能靠自己的行為和功德成聖，教會就無需基督成聖的工作了。」加爾文在他對以弗所書的

文告訴我們：基督的十字架不僅僅為與神結盟提供了依據（顯然不限於此）。雖然十字架是我們潔淨和聖潔的泉源，但我們自己的善行、順服和忠信也在成聖中起作用。《舊約》在描述以色列人悖逆最常見的比喻就是婚姻不忠（尤見耶二 1– 六 30）。

希伯來書十章10、14節

希伯來書第十章是幫助我們理解十字架和基督徒生活之間關係的重要章節。彼得 · 歐白恩（Peter O'Brien）說：「基督的代求無所不包。一切能使神的兒女堅忍並得着基督在十字架上已為他們成就的最終救恩的，基督都為他們代求了（見七 25）。」[23] 縱觀整部《新約》，這一見解得到確認。希伯來書十章 10 節寫道：「我們憑這旨意，靠耶穌基督只一次獻上他的身體，就得以成聖。」換言之，我們靠着十字架「成為聖潔」（*hagiazō* 的完成被動分詞），或分別出來。同樣，希伯來書十章 14 節：「因為他一次獻祭，便叫那得以成聖（*hagiazomenous*）的人永遠完全（*teteleiōken*）。」 希伯來書十章 10 節和 14 節似乎是說：

註釋中說：「請注意，教會成為聖潔不是為別人乃是為基督。」他又說：「保羅沒有說教會已經完全了，他只是在說基督潔淨的目的。」的確「教會已經走上了聖潔的道路，每天都在進步。」（引自 Bray 2011: 386）

[23] O'Brien 2010: 339

(1) 我們靠着十字架被分別出來(「地位上」或「絕對性的」成聖),由此帶來 (2) 不斷(漸進性的)成聖,同樣源於十字架。第 (1) 點最初被分別出來和第 (2) 點的不斷成聖,這兩者均源於十字架。關於希伯來書十章 10 節,霍志恒寫道:「彌賽亞有一個肉身,祂藉着死亡將此獻上,從而完全了神關於祂要受死的旨意。神的這個旨意藉着耶穌得以完全,也成了我們成聖的起因。」[24] 如果我們的聖潔根植於十字架,我們就擁有一個榮耀且帶來生命的洞察力來幫助教會,因為教會要求聖潔並鼓勵會眾忠信。如果僅僅視恩典為「帶我們進入」,我們就不能把十字架和基督徒生命的其餘部分聯繫起來。用約翰 · 派博的話,我們最終進入了「受恩人倫理」:即我們已經靠恩典得救,如今我們用餘生報答神。[25] 與此相反,如果以十字架的中心視角理解順服,十字架的能力不僅「帶我們進入」,也能促使我們持續不斷順服。切斷追求聖潔與十字架的聯繫,其後果必定是我們自負重擔。如果視追求聖潔為自我努力的結果,我們要麼會放棄,要麼會變成律法主義者(在我看來,律法主義者恰恰就是放棄追求聖潔卻不肯承認的人)。

湯姆 · 施萊納 (Tom Schreiner) 說過類似的話:「信

---

24 Vos 1980b: 216.

25 見 Piper 1995: ch. 1。

徒的順服源於基督十字架上的作為，它為信徒得着遵行律法的能力提供了平台。」[26] 施萊納接着說：「不應視保羅的順服觀為新律法主義，因為新的順服源於聖靈，乃是作在基督新造的人心裡。十字架的功效並未削弱，**十字架是聖靈轉變我們生命的根基。**」[27]

基督的義和我們的義

最具爭議的是如何解釋信徒身上的「義」、善行、順服或忠信與基督之義的關係。認為遵守所有誡命只會顯出我們自己無能，因此把我們指向基督的義，這種看法實際上是在逃避。換言之，我們無法用律法的「第二功用」去對待每個要遵守的誡命：律法的辯駁（反駁）或教育的功用——律法的要求只是「駁斥」或引導我們從律法走向福音。《新約》反而把愛耶穌和順服祂連在一起，即使信徒的愛不完全，他們確實是愛耶穌的並直到末世。神期待那些承認基督權柄的人有真實的善行、順服和忠信為標記，即使是不完全的。

也就是說，在由神主權的恩典開始並支配的關係中，神期待祂的子民順服。在新約中，神賜誡命給祂的百姓，但百姓知道自己無法靠着自主意志聽從祂。

---

[26] Schreiner 1998: 405. 施萊納在此引用了 Reinmuth (1985: 70)。

[27] Schreiner 2007: 95; 重點強調出自原著。

然而，單憑信心與基督聯合，基督成形在他們心裡（加四 19），信徒的順服是由良善且至高的神激發的，該順服是基督住在信徒裡面自然卻神秘的結果，或者說與此相關。這樣，神的誡命就「反駁」並「引導」我們，將我們引領到終極的律法遵守者基督面前。既然大寫的律法遵守者（Law-keeper）基督已經在我們裡面成形，藉着聖靈住在我們裡面，那麼現在我們就是小寫的律法遵守者（law-keepers）了。

在此，我沒有討論稱義除了可以解釋為「法律性」（forensic）之外，是否還包含「轉化」（transformative）的成分。彼得 · 利法特（Peter Leithart）指出，有時候稱義不只是法律性，也有救贖的意思。[28] 我並不認為需要更正傳統新教徒對稱義的理解。[29] 人們可以依據釋經基礎來確定稱義應當同時被解釋為「轉化」以及「成全律法」，但這不是我要在此討論的。

對稱義的傳統理解和我的觀點完全一致，即，新約信徒應當以善行、順服和忠信為榜樣。布洛徹說得不錯，新教傳統的對稱義的認識是理解《聖經》中人如何因福音轉變的前提條件。正如下文將論證的，可以肯定基督的十字架確確實實促成生命的轉變。布洛徹的話很有說服力：

[28] Leithart 2007: 56–72; cf. Allen and Treier 2008: 105–110.

[29] 關於該議題，見優秀文章 Blocher (2004)。

> 當然，捍衛傳統新教觀點的人士還會說，實際的更新，即新的創造也是同時被賜予的。稱義和重生乃是並行的（下文將提出，兩者之間的邏輯關係是雙向的）。但如加爾文所認為，稱義和重生的相合不會使我們混淆兩者：恰如陽光中的光與熱。[30]

簡論路德和加爾文

路德在《兩種義》中清楚地指出，我們不斷增長的聖潔（第二種義）乃是源於義，這義則是藉着信（第一種義）歸算在我們身上。換言之，我們所經歷的一切成長或轉變皆源於基督的義，這義藉着信歸算在我們身上。我認為，如何理解信徒善行、順服和忠信與順服的基督之間的關係至關重要，這並非我自己的獨到之見。我已經提出，《聖經》對與基督聯合的理解關鍵之一就是，必須肯定該聯合是出於信而非出於行為。因此，保羅在以弗所書二章6節寫道，「祂又叫我們與基督耶穌一同復活，一同坐在天上」（*synēgeiren kai synekathisen en tois epouraniois en Christō Iēsou*）。

加爾文認為，我們的行為是被「算為」義。換言之，

[30] 同上, 494。他接着說:「只有外來的義歸算於它, 換言之, 當稱義是法律性的, 我們那些不完善的、混合着義和不義的行為才能蒙神悅納。」（495；重點強調出自原著）

加爾文承認《聖經》論及善行，且天父持續的祝福與我們的順服有關。他說：「因着祂的慈愛，主引領預定要承受永生的人得着永生。這出於神的命定，也藉着善行。」[31] 同樣：

> 透過基督中保的義，神使我們與祂和好，藉着罪得赦免，祂算我們為義；同時祂的恩慈也與祂的憐憫相結合，祂藉着聖靈住在我們心中，靠着祂的能力，我們肉體的欲望一天天被克制。我們確實被聖潔化了，以真正純潔的生命被獻給主，我們的心靈也被塑造，得以順服律法。[32]

加爾文肯定「行為」的真實性，但是他又說，即使這些行為也是藉着使人得救的信心而「披戴着基督」。他寫道：

---

[31] Calvin 1960: 3.14.21. 加爾文確實關注那些認為行為能叫人稱義的人。他寫道：「這是我們爭論的關鍵。在談論稱義的起始時，我們和那些明智的經院哲學家們之間沒有爭議：罪人不再被定罪，透過罪得赦免得稱為義；除了他們在「稱義」一詞下包含了更新，藉此靠着神的靈我們被改變能夠遵守律法。事實上，他們將重生的人的義描述為，一個因信基督永遠與神和好的人，靠着善行在神面前被算為義，並靠着這些功德被神接納。」（3.14.11）為了強調基督徒生活中，善行、順服和忠信的必要性，無需「在『稱義』中添加「更新」。

[32] 同上，3.14.9。

> 如果這些事情是真實的，無疑我們的行為本身都不能使我們被接納或討神喜悅；甚至行為本身也無法取悅祂，除非在某種意義上一個人被基督的義所遮蓋，才能討神喜悅並罪得赦免。[33]

基督之義的歸算

有關基督主動順服歸算的問題（或缺失）引發了諸多爭議。[34] 其中一派認為，既然靠着信心與基督聯合，祂的義就藉着我們與祂的聯合成為我們的義，也就不需要論及歸算。諾曼 · 謝潑德（Norman Shepherd）表述的起點稍有不同，他肯定了歸算，但又說人無需認可基督主動的義的歸算。在回應克拉克（Clark）的一章中，謝潑德通過案例肯定了基督**被動**（就「受苦」而言）的順服，但同時為了符合《聖經》對稱義的理解，他又否認了基督**主動**順服的必要性。謝潑德的立場如下：「在我們的稱義中，歸在我們身上的順服就

[33] 同上，3.14.13。

[34] 儘管 Scott Hafemann (n.d.: 10.8) 不認為基督的「主動順服」在解經上是恰當的，但是他寫道：「耶穌在功能上是神完美的形象，意味着耶穌在任何情況下都始終信靠神，正如他透過所遭受的苦難學會了順服。」事實上，這難道不是「主動順服」（如果「任何情況」真包括祂一生的每一個情況）嗎？

是基督的義，這義使我們脫離罪惡，而且使我們脫離罪惡的這義是祂的被動順服，而非主動順服。」[35] 謝潑德將加爾文的觀點（似乎就是謝潑德的觀點）概述如下：「稱義意味着赦免罪，免遭罪責和刑罰，得蒙喜悅，並被宣稱為義。」[36] 謝潑德認為，如果從本質上將救恩定義為稱義的教條，那麼順服和行為的地位就從人們的視野中消失了：「我們傾向於以並未展現《聖經》平衡觀點的方式，弱化了轉變和更新的重要性。」[37] 我們可以辯論加爾文、後來的改革者以及《聖經》是否教導了基督積極順服的歸算問題。克拉克堅持認為，必須肯定基督的主動順服是稱義的根基。謝潑德則認為，加爾文和《聖經》都肯定基督的死，即基督的「被動順服」，是稱義的基礎。我們暫且將此爭論置之一旁。毋庸置疑，聖子整個在世生活都是順服聖父的，這從耶穌最初的日子到祂在十字架上受死——順服的死——都一目了然。而且，這就是關鍵，基督的生命在許多人的生命中得到回應或重現。這些人就是單憑信心與基督聯合、並被稱為義的人。換言之，雖然如何把稱義和基督主動順服聯繫起來的爭論仍在繼續，但是很顯然耶穌的整個生命都是順服於聖父的。那些單憑信心與基督聯合而得稱義的人，也在他們的生活中形成

[35] Shepherd 2007: 252.
[36] 同上，260。
[37] 同上，273。

了這種順服。[38] 解決此事的不二法門或許是觀察基督之義的統一性：我們得着祂的義，並且單憑信心而非行為被稱為義。基督的義在祂的受難中達到極致，儘管祂的死亡當然是祂整個生命和侍奉的高峰，但祂受死的功效與祂曾活過的生命有機地被聯繫在一起——這是一個完全順服於父神旨意的生命。[39] 西敏斯特會議詳細討論了被動順服和主動順服的作用。西敏斯特神學家們在此議題上選擇的措詞是為要使更廣背景的人認可最終文本。所選的措辭肯定了基督的義歸算給有信心之人的必要。但嚴格來講，對於是否既是「主動順服」又是「被動順服」這仍然含糊不清。有些人希望將基督的「主動順服」排除在稱義的必要條件之外，認為肯定「主動順服」的必要性會導致反律法主義。換言之，他們認為，如果有人說基督代替我們全然順服聖父，將該「主動順服」歸於信徒，會導致反律法主義。饒柏 · 雷薩姆（Robert Letham）將西敏斯特會議與會者的觀

---

[38] 正如我在後面論證的，重要的是肯定耶穌在十字架上的死是祂一生順服天父的頂峰。《新約》強調十字架是我們稱義的基礎，但十字架是耶穌一生的巔峰。

[39] 當然，這個想法並非新穎。穆勒（Muller）寫道：「新教學者們堅持認為，**基督的順服**完全是以救贖為目的性。他們通常提到一個具有兩方面含義的順服，而不是分為**主動順服**和**被動順服**。因此，**基督的順服**既是**被動的行動**也是**主動的受難**。**被動的行動**指基督遵守律法，而**主動的受難**則是指祂生與死的真正順服。

點總結如下：「如果基督為我們完全遵守了律法，我們就沒必要遵守了」；「如果基督代替我們遵守了律法，我們不一定非得遵守律法。」[40] 儘管如此，西敏斯特神學家最終選擇避開「主動順服」和「被動順服」這兩個術語，選擇了基督「完全的順服」這一術語：這一措辭可能是一個折衷，以便使盡量多的與會者承認最終的文本。[41] 現在讓我們回到重點：單憑信心而非行為，基督的義歸算在我們身上。《聖經》的重點或方式（在談及稱義時）在於基督的死，而非祂至終到死的整個生平。這樣就能理解，為什麼西敏斯特會議上少數人想強調「被動順服」而非「主動順服」。但鮮有人試圖在基督的死和祂完美的生平（直至祂的死）之間做到涇渭分明，完美的生平構成了十字架上獻祭的完美性。總之，沒有完美的生就沒有完美的獻祭。因此，我認為就稱義而言，我們是單憑信心而非行為得稱為義，且《聖經》的模式是在於基督的死／血。但這死乃是完全順服聖父的生命的巔峰（來二 10；四 15；五 9；七 27–28）。如約翰 · 派博曾寫的：「**作為無罪生命的頂峰**，基督之死所顯出的最終順服，足以使祂的子民稱義。[42]

---

[40] Letham 2009: 256, 259.

[41] 同上，261–262。

[42] Piper 2007: 213; 重點強調出自原著。

總結

本章說明，正確理解基督的救贖之工，對把握基督徒生命中善行、順服和忠信的中心性至關重要。毫無疑問，我們罪得赦免是基於耶穌基督的工作。我認為，祂的工作也是人生命轉變（包括善行、順服和忠信）的根基。看這些《新約》關於救贖的經文，就會出現一個清晰的模式：神子民的生命發生逐漸的轉變是基於基督的死。耶穌之死使人罪得赦免。但仍有一個「更宏偉」的設計在進行：祂為罪人死，傾倒祂的生命，令新婦開始潔淨和轉變，將來有一天要獻給祂。得此結論無損於稱義的教義。假如我們能避免還原論和錯誤的二分法，就能充滿信心地肯定傳統的或新教的稱義教義，並認定十字架能釋放使神子民的生命轉變（轉變包括了善行、順服和忠信的彰顯）的能力。如此一來，基督的義將必然且有效地促成我們的義。我們的善行、順服和忠信源於祂為我們所作的工作，而我們仍然需要我們完美而信實的祭司。同時，基督已為我們成就的促成了我們裡面的改變，其中包括善行、順服和忠信的彰顯。

有些學者認為，《新約》核心真理之一是信徒與基督聯合。的確，在某些學者看來，與基督聯合是保羅神學的真正核心。下文我們將探討與基督聯合這一重要事實。

第五章

與基督聯合與善行、順服和忠信的關係

正如本書伊始貝考維（Berkouwer）所言，問題的關鍵是：若基督確實「付上一切」，我們當如何以有意義的方式談論善行、順服和忠信呢？「如果某個人已經思考過『唯獨信心』教義——單憑信心得稱為義——的深遠意義，會立即面臨這樣一個問題：這一基本概念是否會使所有進一步的討論都變得多餘。」[1] 雖然我對貝考維的擔憂深表同情，但我認為：當一個人從歷史救贖的角度思考整本正典，並在恰當的背景下理解新約中善行、順服和忠信的本質，以及它們與唯獨信心這一事實之間所存在的恰當和必然的聯繫，就能發現連貫且意義深遠的關於善行、順服和忠信的神學。

保羅神學中關於與基督聯合的重要見解能幫助我們深入思考這個議題。我們與基督緊密連結在一起，需要再次強調的是：該聯合是單憑信心而非行為，我們的生命將永遠因着這一聯合而被塑造：我們的生命藉着與基督聯合得到改變。因此，在看到加拉太書四章 19 節談到基督「成形」在信徒心裡時，我們應當牢記「與基督聯合」有着唯獨信心的本質，也當肯定基督「成形」在我們心裡意味着信徒生命的某些真實的轉變。隨着時間的推移，我們在某種程度上將符合基督的形象。路德說：「第二種」義（即隨着時間的推移我們將被改變）必然與「第一種」義（即單憑信心

[1] Berkouwer 1952: 17.

而得的「外來的義」）有關。因此，路德說：「這種義（第二種義：隨着時間推移發生轉變）是第一種義的產物，實質上是第一種義的果子和結果」（路德引用了加五 22，「聖靈所結的果子」）。[2] 路德又說：

> 這種義（基督歸算的義）是主要的；它是我們所有實際之義的基礎和源頭。所賜之義代替了亞當那裡已失落的最初之義。它成全了最初之義本應完成的，甚至完成得更多。[3]

下面我們看幾個重要的《聖經》經文。

重要經文

羅馬書第六章

在思考與基督聯合這一主題時，羅馬書第六章是最重要的經文之一。[4] 在保羅看來，我們「受洗歸入基督耶穌」就是「受洗歸入祂的死」（3 節）。基督已受死並已經復活，基督徒也已受死並已復活（六 4）。

---

[2] Luther 1962: 89.

[3] 同上，88。

[4] 羅六的部分內容也適合本書第三章論述贖罪的主題。贖罪和與基督聯合有關聯乃是情理之中。

基督的死和我們的舊生命被治死之間存在某種真實的（如果類似）關聯。基督的復活和我們的新生命之間也存在某種真實的（如果類似）關聯。我們在基督死的樣式上與祂聯合，也在「祂復活的樣式上與祂聯合」（六 5，新譯本）。基督的死也意味着「我們的舊人和祂同釘十字架，使罪身滅絕，叫我們不再作罪的奴僕」（六 6）。請注意：基督已死，所以我們不再是罪的奴僕。毫無疑問，基督的死乃是帶來徹底轉變的司法行為。我們無需將律法和轉變融合一體，但也不敢輕易將二者隔開，因為它們都是保羅思想裡一個和諧的整體。保羅在六章 8–11 節中重述六章 1–7 節的同一基本前提。接着，他在六章 12–13 節中繼續闡述過聖潔的生活的命令，而且用「你們不在律法之下，乃在恩典之下」（六 14）這樣提醒的話來結束該段的論述。

保羅在羅馬書六章 17 節提到，在羅馬城的信徒「從心裡順服了所傳給你們道理的模範」。他又說，這些基督徒「從罪裡得了釋放」，「就作了義的奴僕」（六 18）。當他提到「從心裡順服了所傳給你們道理的模範」時，我們很難不想起其他關鍵的經文，例如：提摩太前書一章 10 節保羅列舉了許多「敵正道」的罪，提摩太前書六章 3 節裡「合乎敬虔的道理」，提多書一章 1 節裡關於「敬虔真理的知識」。這些經文未必是要在純正的教義或基督教的教導與順從或聖潔的生活之間建立**因果**關係。不過，保羅認為，它們之間肯定存在某種聯繫。當參照談及我們的轉變根植於基督的十字架的經文時，關於正道或基督教教義對基督徒的道德轉變有積極貢獻的觀點就順理成章了。正如大衛・彼得森（David Peterson）所言：「有關基督釘十字架和復活的福音，正是形成或塑造基督徒品格和行為的教導。」[5] 在後來評論羅馬書十二章 1–2 節（「不要效法……」）時，大衛・彼得森說：「當允許自己被『將要來的時代』的規範和樣式所塑造時，我們就向世界展現了未來秩序的必然性和特徵，這一秩序在主耶穌基督身上曾經顯現（參西三 1–4）。」[6] 不可否認的事實是，基督成形在信徒心裡，我們的生命也反映出基督的生命，儘管並不完美也不完全。

哥林多前書十五章20–23節

談論第一亞當和第二亞當的經典經文之一是哥林多前書十五章 20–23 節。保羅在主要談及復活首要性的經文中對亞當和基督進行了對照。死是因一人而來，就是亞當；生也是因一人而來，就是基督。基督是凡「屬基督的」人的「初熟的果子」（十五 23），所有屬基督的也要「復活」（*zōopoiēthēsontai*；十五 22）。當一個人理解了與基督聯合的中心性時，哥林多前書十五章 12–19 節中使用的可怕言語就合乎情理了。為

---

[5] Peterson 2012: 153–154.

[6] 同上，151。

什麼說若基督沒有復活，一個人的信就是徒然的呢？基督既然是教會的頭，我們就能說：頭往哪走，身體就往哪去。基督已經復活。既然基督徒已經「與基督」一同活過來了（弗二 5，連同本章討論的重要經文，還有彼得前書一章 3 節神「**藉**耶穌基督從死裡復活重生了我們，叫我們有活潑的盼望」），從某種意義上，基督徒**已經**復活了。復活也有**將來**的成分。我們不僅已在初得救恩之時復活，哥林多前書十五章 22–23 節還講到，那些在基督裡的，將來也要復活。我們基督徒的身份和命運與基督的身份和命運緊密相連。如果基督沒有復活，那麼（1）我們也就沒有復活（就救恩伊始的「最初」意義而言），並且（2）在末日也沒有任何「最終」的復活。

以弗所書二章5–7節

以弗所書二章 5–7 節是保羅描寫「與基督聯合」這一主題最引人注目的經文之一。保羅說，「當我們死在過犯中的時候」，神「叫我們與基督一同活過來」（*synezōopoiēsen tō Christō*；二 5）。該救贖本是藉着恩典，神「叫我們與基督耶穌（*en Christō Iēsou*；或「在基督裡」）一同（*synēgeiren*）復活，一同（*synēgeiren*）坐在天上」（二 6）。這事已經成就「要將祂極豐富的恩典，就是祂在基督耶穌裡（*en Christō Iēsou*）向我們所施的恩慈，顯明給後來的世代看」（二 7）。

歐白恩（O'Brien）所言極是：「神在基督身上所成就的，也已經為信徒成就了。」[7] 的確，「這裡所見的信徒與基督的關係包括他們共用祂的命運」。[8] 歐白恩的話有助於強調本專著的內容：要正確理解善行、順服和忠信在《新約》中的功用，就必須在正確的神學背景中，即神的榮耀，解釋行為的地位和目的。一旦明白神為何叫我們與基督耶穌一同復活、一同坐在天上，一切就都一目了然了。神叫我們活過來，使我們在基督耶穌裡面復活並與祂同坐，「要將祂極豐富的恩典，就是祂在基督耶穌裡向我們所施的恩慈，顯明給後來的世代看」(二 7)。神因着恩典拯救了罪人(二 8)，不是出於行為，免得有人自誇（二 9）。這出於恩典的救贖已經成就乃是「因為」（希臘助詞 *gar*；二 10）「我們原是祂的工作，在基督耶穌裡造成的，為要叫我們行善，就是神所預備叫我們行的。」 行善是神所命定的，是為促進或彰顯祂的榮耀。這與保羅在該書信中所論證的一致。「就如神從創立世界以前，在基督裡揀選了我們，使我們在祂面前成為聖潔，無有瑕疵。」（一 4）神的目的是「使祂榮耀的恩典得着稱讚」（一 6）。神的目的乃是我們在基督裡有盼望的人「叫祂的榮耀可以得着稱讚」。（一 12）保羅在總

---

[7] O'Brien 1999: 166–167.

[8] 同上，167。

結以弗所書一章 3–15 節時說，我們得救贖的目的就是「使祂的榮耀得着稱讚」（一 14）。

歌羅西書第二章和第三章

保羅在歌羅西書第二章教導說，「你們既受洗與祂一同埋葬，也就在此與祂一同復活。都因信那叫他從死裡復活神的功用」（二 12）。跟以弗所書二章 5–7 節一樣，那些已死的已經「與基督一同活過來」（二 13）。因此（*oun*），保羅說：「所以不拘在飲食上，或節期，月朔，安息日，都不可讓人論斷你們。」（二 16）信徒已經「與基督（*syn Christō*）同死，脫離了世上的小學」（二 20）。

保羅在三章 1–4 節延續他的思路。如果信徒已經與基督一同復活（保羅當然假定他們已經復活），那麼他們應當思念上面的事（三 2）。同樣，信徒應當「治死」許多罪：淫亂、污穢、邪情、惡欲、貪婪（三 5）。我們在這些罪惡中「曾這樣行過」（三 7），但現在不同了，我們必須棄絕這一切（三 8–11）。從三章 12 節到四章 5 節，保羅接二連三發出告誡和命令。由於我們的目的，我們僅需留意所有這些告誡和命令源於我們在基督裡面的存在（「在祂裡面」的各種形式貫穿歌羅西書：一章 14、16、19、22 節；二章 3、6–7、9–12、15 節；三 20；四 7、17）。三章 12 節至四章 5 節串聯着許多其他這些命令的根據或動因：我們是神的「選民、聖潔蒙愛的人」（三 12）；主已經饒恕了我們（三 13）；我們已經得着平安（三 15）；順服是相宜的（三 18）；要討主喜悅（三 20）；不要惹兒女的氣（三 21）；獎賞（三 24）；審判（三 25）；以及渴望知道向人傳福音時如何應對（四 5）。但這些根據或動因都無法取代與基督聯合的中心性，與基督聯合是順服主的根據或動因。

加拉太書二章19–20節

保羅說：「我因律法，就向律法死了。」（*egō gar dia nomou nomō apethanon*）因此「我可以向神活着」（二 19）。他在加拉太書二章 20 節中用一個凸顯的短語轉換教導我們，他已經「與基督同釘十字架」（*Christō syn-es-taurōmai*）。如今，保羅已經被釘十字架（與基督一同），「並且我如今在肉身活着，是因信神的兒子而活，祂是愛我，為我捨己」（二 20）。保羅如今在肉身活着：（1）或許是因為祂已經向律法死了（二 19）；（2）或許因為祂已經與基督同釘十字架（二 20）；以及（3）因信神的兒子而活，祂是愛保羅，為保羅捨己（二 20）。

在某種意義上，活着的是基督（而不是保羅，二 20）。但保羅在同一節經文中又可以講「我如今活着」（請再次注意《聖經》裡神和人中介的真實性）。鑒於我本章的目的，需要留意的是，保羅歸向基督後過着截然不同的生活。保羅已經向律法死了，與基督同釘十字架，如今在肉身活着，是因信神的兒子而活，祂愛保羅且為保羅捨命。保羅現在的生命與在基督裡緊密相連，是源於基督救贖的生命。保羅經歷了救贖的益處——這救贖塑造了他每日的生活方式。

加拉太書四章19節

在加拉太書四章 19 節，保羅提到了基督成形在加拉太人心裡。保羅「受生產之苦，直等到基督成形在你們心裡」。由於他所期待的是尚未完全實現的事情（「直等到基督成形在你們心裡」），我們就可以有把握地說，基督還未完全成形在加拉太人心裡。儘管如此，我們沒有理由認為該成形只是假設或完全是未來性的。

幾乎相當肯定的是，基督成形在信徒心裡的觀念可被視為與效法神兒子的模樣（林後三 18；羅八 29）有關，以及與基督在我們「心裡」的「榮耀的盼望」（西一 27）有關。同樣，基督「成形」在信徒心裡的觀念可能與保羅在羅馬書八章 10 節中的目的相去不遠，那裡保羅說：「基督若在你們心裡，身體就因罪而死，心靈卻因義而活。」相類似，如果聖靈住在信徒心裡（「叫耶穌從死裡復活者的靈」），神「也必藉着住在你們心裡的聖靈，使你們必死的身體又活過來」（羅八 11）。

約翰．穆雷（John Murray）數十載前宣稱「與基督聯合」對任何聖經救恩論而言都是核心。他寫道：

> 沒有什麼比與基督聯合、與基督團契更重要或更基礎的了……（與基督聯合）是每一步救贖應用的基礎。與基督聯合實在是整個贖罪論的核心真理，整個救恩論的核心真理，不僅是在應用層面，而且在基督成就一勞永逸的大功裡面。的確，救贖的全過程始於與基督聯合的某個階段，並且救贖預期了與基督聯合的其他階段的實現。[9]

新近，陶德 · 比林斯（Todd Billings）寫道：「與基督聯合是福音的簡略神學表達——這個關鍵圖景將《聖經》見證中許多主題集合在一起。」[10]

大衛 · 彼得森認為，基督徒生命發生轉變是由心靈的轉變引起的。[11] 換言之，一旦心靈得到更新，整個人就會發生相應的轉變。查看歌羅西書一章 21 節的時候，就能從保羅的話中得着對此的證實，因為保羅在該經文提到「心靈」（*dianoia*）的隔絕和敵對。我們（包括我們的心靈）「藉着基督的肉身受死」得到和解。如此，神在基督裡面要令我們「都成了聖潔，沒有瑕疵，無可責備，把你們引到自己面前」（西一 22）。達到這一目的也要求有持續的信心：「只要你

---

9 J. Murray 1955: 161.

10 Billings 2011: 1.

11 Peterson 1995: 126–133.

們在所信的道上恒心，根基穩固，堅定不移，不至被引動失去福音的盼望，這福音就是你們所聽過的。」（西一 23）假如我對保羅的解讀正確，那麼這裡的邏輯是這樣的：（1）基督救贖之功（2）使心靈與神和好（3）這樣，心靈得到更新（4）帶來轉變（5）而最終都成為聖潔，沒有瑕疵，無可責備，被引到新郎面前（參看弗五 25–27）。所有這一切都凸顯了神的榮耀。

布雷（Gerald Bray）總結說，瞭解信徒與基督聯合的果效價值非凡。他寫道：「聖靈在我們認信之時扮演了重要的角色。是祂賜予我們基督的生命，住在我們心中，成為我們在祂裡面得救的確據。」布雷也寫道：

> 基督徒與基督耶穌一同坐在天上（弗二 6），與祂分享神性的內在生活，這是基督教福音派的獨特教導……拋開傳統的驕傲或對其他基督教宗派的偏見，我們不得不宣稱，基督救贖之功成全之後，聖靈由聖子而出，信徒從而帶有聖靈的印記並經歷個人與神相交，這是一種比任何人類所知的都更加深刻、更加令人滿足的信仰。[12]

斯科特 · 哈費曼（Scott Hafemann）總結了他對這些問題的理解。在一篇文章中，在一些重要神學議題

---

[12] Bray 1983: 143.

上（尤其是律法、聖殿和贖罪的地位），他將昆蘭文獻（Qumran）和保羅的進行了比較和對照，哈費曼寫道：

> 保羅認為，對理解律法在末世群體中的角色和對群體本質的意義上，基督的降世有着深遠影響。新約百姓在基督裡已經成為神末世的殿。如今他們獻上自己為祭，同時構成了對神的事奉和聖靈同在的憑證（羅十二1f.）。藉着基督的死，他們已經被神所潔淨和接納，猶太人和外邦人（！），軟弱和強壯的（！），基督都「接」他們進入新約群體，「使榮耀歸於神」（羅十五7，在十四1至十五13的脈絡中）。[13]

哈費曼也看到了我在前面提及的跟以賽亞、耶利米和以西結之間的清楚的關聯：「在保羅看來，在基督面前，對神榮耀翻轉性的經歷是以賽亞書、耶利米書和以西結書中末世以色列復興預言實現的開端，就是神將居住在祂的子民中間。」[14]

理查德·葛富恩

理查德 · 葛富恩（Richard Gaffin）花了他職業生涯的大部分時間來書寫關於復活的本質和核心。我在

---

[13] Hafemann 1997: 188; 重點強調出自原著。

[14] 同上，189。

此不贅述他的所有思想，僅介紹他的研究成果，因為它們與本書的論述息息相關。我將主要談到葛富恩在基督復活、信徒復活和信徒生命轉變的真實性之間所做的聯繫。他將忠信、與基督聯合和持續的順服聯繫在一起：「罪人因信稱義，這信使他們與基督聯合，確保他們得着在基督裡面救恩的一切益處，該信心堅忍到底，並且在堅忍的過程中絕非孤立。」[15] 葛富恩在同一著作中又說：「對救贖主的信心，是不住遵行祂旨意的信心。」[16] 葛富恩在一篇早期作品中總結了他對哥林多前書十五章45節的思考：「聖靈內住的生命有特殊的品質，因為分享了基督復活的生命並與基督聯合後，在信徒生命中沒有任何聖靈的工作不是基督的工作；基督在教會中做工就是聖靈在做工。」[17] 葛富恩切中要害，提出「宗教改革還有尚未完成的一面」——這一面絕不試圖挑戰或拋棄唯獨信心這一重要的（重新）發現。葛富恩對許多新教徒的信仰傾向感到擔憂，他們將稱義和成聖割裂開，將稱義與恩典對等，然後成聖與行為聯繫在一起——律法主義就從某類成聖神學的「後門」悄悄溜了進來。[18] 葛富恩認為：「成聖和稱義一樣，都是神的工作。」[19] 葛富恩引用了《海德堡要

[15] Gaffin 2006: 105
[16] 同上，78。
[17] Gaffin 2002: 26.
[18] 同上，27–28。
[19] 同上，28。

理問答》：「即使最聖潔的人，今生在這種成聖生活上也不過是個小開端而已」。[20] 但他又說：「問題的關鍵是，儘管這一微不足道的起步，卻是終末的開端。」[21] 我的觀點是：我們應當繼續竭力肯定歸算的義。我們需要歸算的、完全的義，這義藉着信心而非行為歸在我們身上。既然基督已經「成形在我們心裡」，我們也就可以說：重生了並藉着信心而非行為與基督聯合的基督徒，他們的生命乃是隨着時間不斷被轉變的。我們甚至可以說，基督是大寫的律法遵守者（Law-keeper），我們則是藉着在基督裡與祂聯合成為小寫的律法遵守者（law-keeper）。我們遵守律法總是不完全和不完美的，但是因為基督這位完美的律法遵守者成形在祂的子民心中，靠着聖靈的能力在神的子民身上就產生了遵守律法的效法行動。[22]

葛雷格・畢爾及復活的重要性

葛雷格・畢爾（Greg Beale）有力地論證了復活（並最終與基督聯合）與基督徒生活之間的明確聯繫。他寫道：「這種復活的能力（見林後四 7；十二 9；十三

---

[20] 同上。（海德堡要理問答，答 114）

[21] 同上。

[22] John Piper (2007: 215–225) 在他對羅八 3–4 的註釋中設法解決該問題。

4）證明，它本身能夠使基督徒雖『四面受敵』卻『不被困住』，『心裡作難』卻『不至失望』，『打倒了』卻『不至死亡』。」（四 8–9）畢爾又說：「這是另一個例子，表明已經開啟的末世復活傳達的不僅是類比真理，更是基督徒所參與的事實，對實際生活至關重要，因為它推動了這種生活。」[23] 畢爾說，基督徒「通過認同基督的死，開始向舊世界死去；透過與祂的復活聯合，開始活在新秩序中。」[24] 畢爾在以弗所書看到了類似的復活：「保羅說，因為這一認同（『所以』*oun* [四 25]），信徒應當『棄絕』罪惡，例如謊言、怒氣、偷竊、不良污穢的言語，以及『一切苦毒、惱恨、忿怒、嚷鬧和譭謗』（四 25–31）。」[25] 畢爾認為，人順服神的能力源於死裡復活、成為新造的人。他說：「為什麼新的創造能成為遵行保羅的命令過敬虔生活的基礎呢？如果沒有新創造的復活的能力，他們就無法遵行神的誡命。」他又說：「已經開始經歷復活生命的新造的人有能力順服神。」[26]

總結

我們要從整體上瞭解《聖經》的一致性，並從細節上理解善行、順服和忠信在新約中的地位，與基督

---

[23] Beale 2011: 267.

[24] 同上，268。

[25] 同上，280。

[26] 同上，280–281。

聯合乃是關鍵之一，所以本章主要談論與基督聯合。理解與基督聯合的關鍵之一是恩約。與基督聯合有助於我們理解新約和《聖經》中其他恩約的聯繫。最重要的是，與基督聯合能使我們明白，如何對待新約成員善行、順服和忠信的性質、目的和真實性。

約翰 · 穆雷認為與基督聯合或許是掌握《聖經》救贖教義的性質和統一性的關鍵，他的觀點是正確的。問題的關鍵無疑在於你是否承認：（1）傳統新教徒認為稱義是單憑信心而非行為，（2）在新約信徒生命中善行、順服和忠信的中心性和必要性。從某種重要意義上而言，我們的生命是自己的。然而，我們只有在基督裡才真正成為「我們自己」。基督統管我們的生命並不會磨滅我們的個性和個體特徵。相反，每個男人或女人只有在基督裡才會成為最真實的自己。唯獨靠着信心與基督聯合，我們才能參與到善行、順服和忠信之中。

還有另一個重要議題（或必須解決的一系列問題）。在處理善行、順服和忠信的重要性時，就必須處理行為在將來的稱義裡該有怎樣的地位，以及根據行為受審判的問題。下一章節我們將圍繞這些重要問題展開討論。

第六章

稱義、審判和將來

研究這點時會出現兩個環環相扣的重要問題：（1）稱義的將來方面，（2）根據行為的審判。我們必須正視這些問題。首先，我們當如何理解稱義的將來階段？第二，行為在稱義的將來方面是否占一席之地？第三，是否應理清，稱義的某種將來成分和根據行為的審判，這兩者之間的區別？雖然稱義的將來部分可能（有時）與將來根據行為的審判有關，但重要的是要指出這兩者不是同義的。

對新教徒而言，面對稱義的某種將來成分，甚至談論兩種稱義，都是司空見慣的事。葛雷格 · 畢爾（Greg Beale）正確指出：「在改革宗傳統中，談論所謂的『雙重稱義』，或過去靠信心的稱義及後來靠行為的稱義，亦或『第一稱義』和『第二稱義』的問題並不少見。」[1] 首先，本章要查考與將來稱義和根據行為審判相關的重要經文。第二，將與曾談論過這些問題的重要人物對話。第三，本章將給出總結性的評論，以便對有《聖經》依據的立場做簡要處理。

理查德 · 葛富恩（正確地）認為，要在《新約》「已然而未然」本質的背景下去理解聖經救贖論（葛

1 Beale 2011: 505. 畢爾（同上 506, nn. 91–92）引用了海因裡希 · 赫比（Heinrich Heppe），約翰 · 歐文（John Owen），弗蘭西斯 · 特瑞金（Francis Turretin）和喬納森 · 愛德華茲（Jonathan Edwards）。我也在本書中提及歐文，特瑞金和愛德華茲。

富恩特別談及保羅）。換言之，重要的神學**概念**，如稱義和成聖，具有「已然而未然」的成分。正如葛富恩認為的那樣，宗教改革已經正確肯定了稱義「已然」的方面。有必要在宗教改革傳統中繼續研究**成聖**的「已然」方面和**稱義**「未然」方面。葛富恩意識到了人們在試圖理解該問題時如履薄冰：

> 不管從哪方面去談論稱義的「未然」似乎都會剝奪稱義「已然」的決定性特徵。在某種意義上，把稱義看成是將來的似乎就會威脅它現在的確鑿定局，這就破壞了基督徒生命中既定的確實性。稱義的「未然」部分是本章關注的焦點。[2]

正如葛富恩肯定的那樣，仍**存在**某種將來的稱義，以及將來某種根據行為的審判。現在讓我們查看一些重要經文，它們指出將來的稱義和／或將來根據行為的審判。

重要經文

羅馬書二章6節

就將來按行為受審判的概念而言，羅馬書二章6節至關重要。值得注意的是，羅馬書一章18–32節中，

[2] Gaffin 2006: 80.

保羅概述了為什麼神的忿怒顯明在「一切不虔不義的人」（羅一 18）身上，並且用第一章其餘部分解釋人類的罪責，我們故意不認識神，以及因故意不認識神而帶出的種種罪惡。因此，他在第二章 1 節寫道：「無論你是誰，也無可推諉……」就毫不顯意外了。在第二章 1–5 節，保羅極力主張，人無法逃脫神的審判，尤其因為保羅的收信人顯然堅持要別人遵循他們自己並不遵守的道德標準。然後，保羅在羅馬書二章 6–10 節寫道：

> 祂必照各人的行為（*kata ta erga autou*）報應各人。凡恒心行善尋求榮耀尊貴，和不能朽壞之福的，就以永生報應他們。惟有結黨不順從真理，反順從不義的，就以忿怒惱恨報應他們。將患難、困苦加給一切作惡的人，先是猶太人，後是希臘人。卻將榮耀，尊貴，平安，加給一切行善的人，先是猶太人，後是希臘人。

保羅在此處清楚教導，神照個人的行為（*kata ta erga autou*，第二章 6 節）「報應」個人。保羅將那些「作惡的」（*tou katergazomenou to kakon*）和一切「行善的」（*tō ergazomenō to agathon*，第二章 9–10 節）做了對比。當我們設法應付將來的審判，以及行為在將來審判中扮演的角色時，這段經文就尤其關鍵。目前有兩種觀點：第一，要敷衍類似的經文是不可能的。無論怎樣解釋將來審判的細節和其中行為的角色，行為在最終審判中起作用的問題是不可避免的。第二，同樣重要的是，我們不是（必須）在完全守律法或完全的行為這個範疇內（至少在此）。《聖經》其他地方也許有教導，但這不是此處的問題。我們只曉得有某種將來的追討，這一追討會將人的行為考慮在內。

羅馬書二章13–16節

涉及保羅以及與稱義有關的行為的必要性時，羅馬書二章 13–16 節是**常被引證**的章節。保羅寫道：

> 原來在神面前，不是聽律法的為義，乃是行律法的稱義。沒有律法的外邦人若順着本性行律法上的事，他們雖然沒有律法，自己就是自己的律法。這是顯出律法的功用刻在他們心裡，他們是非之心同作見證，並且他們的思念互相較量，或以為是，或以為非。就在神藉耶穌基督審判人隱秘事的日子，照着我的福音所言。

保羅在此談論遵行律法的要求（儘管最終在新約背景下肯定要去遵行律法）。在某種層面上，對比很簡單：人不能只是**聽**神的律法，也必須**遵行**祂的律法。然而，保羅沒有說人們必須遵守律法到完全的地步（至少此處沒有如此教導）。這裡提出了稱義的將來部分或要素。基督徒雖然已經靠着信心而非行為被稱為義（在過去），但因為基督徒是「律法的遵行者」，也將最終被稱為義（在將來）。羅馬書二章13節是個「假設」的想法十分誘惑人，但這是行不通的。[3] 道格拉斯·穆爾似乎抓住了該問題的要點：

> 信徒在今生所得的因信稱義是神在審判時所考慮的那些行為的充分起因。在天上的審判台前稱義時，信徒那最初無罪的宣判必然在最終的審判中被絕對無誤地依據行為確認。[4]

穆爾繼續說：「（將來）審判中所需考慮的行為是稱義的信心的產物，而不是稱義本身的基礎」。[5] 保羅沒有教導說，若一個人遵守律法就必須遵行到完全的地步。如今，如果有人說：「我試圖以遵守律法作

---

[3] 巴特（Barth）贊同：「這就是為什麼（保羅）能直言不諱，而不是假設地說，只有行律法的人才能稱義。」（1962: II.2，563）

[4] Moo 1991: 177.

[5] 同上 144。

為我稱義的基礎。」那麼，他的確需要做到完美才行。然而，認為遵守神的命令是一個人天命中至關重要的部分，**不**代表就要被迫承認完美地遵行律法是必要的。注意，保羅事實上是說：「原來在神面前，不是聽律法的為義，乃是行律法的稱義。」換言之，保羅認為如果一個人是基督徒，就會順服神。一個人已經被稱為義（羅五 1），但是稱義具有將來的一面，順服神的命令對稱義的將來部分或要素顯得至關重要。此處沒有提及完美地順服或遵守律法，而是談到基督徒順服的必要性。

羅馬書二章 14–15 節中的外邦人應當被視為非基督徒還是基督徒仍具爭議。如果他們是非基督徒（我們稱之為「自然法」的觀點），那麼他們雖然沒有猶太人的律法，卻仍遵守（某種程度上）刻在他們心裡的「律法」（有時候稱為「自然法」）。如果他們是外邦的基督徒，雖然他們不是**天生**就有律法（他們不是猶太人。猶太人在律法中長大，律法是他們生命中不可缺少的部分），但是如今靠着神聖靈的能力得以遵守律法。這樣的遵行律法進一步譴責了那些拒絕彌賽亞，並**以此實際上**拒絕了他們的神的猶太人。[6] 本專著的論點並不會因人們如何解讀羅馬書二章 14 至 15 節中的「外邦人」而受影響。然而，如果這些外邦人

---

[6] 參看 Gathercole 2002a。

事實上是被神的靈感動而去遵守神的律法的基督徒，這將加強我的論述。

羅馬書五章1–5節

羅馬書五章 1–5 節並未明確講到稱義的將來方面。儘管如此，還是值得在此討論這段經文。它確實指出了稱義以及隨之而來的許多事情之間的關係。

保羅寫道：

> 我們既因信稱義，就藉着我們的主耶穌基督得與神相和。我們又藉着他，因信得進入現在所站的這恩典中，並且歡歡喜喜盼望神的榮耀。不但如此，就是在患難中也是歡歡喜喜的。因為知道患難生忍耐，忍耐生老練，老練生盼望，盼望不至於羞恥；因為所賜給我們的聖靈將神的愛澆灌在我們心裡。

保羅認為我們既因信稱義，**如今**就藉着我們的主耶穌基督得與神相和（羅五 1）。我們藉着耶穌基督，**因信**得進入「現在所站的這恩典中」（羅五 2）。注意：我們現在**站**在恩典中，且是因信得進入該位置。如今我們歡歡喜喜盼望神的榮耀（羅五 2）。不但如此，就是在患難中也是歡歡喜喜的。因為知道患難生忍耐（羅五 3），忍耐生老練，老練生盼望（羅五 4）。我們曉得盼望不至於羞恥。為什麼？因為「所賜給我們的聖靈將神的愛澆灌在我們心裡」（羅五 5）。

保羅的邏輯值得研究。保羅常提的三樣信、望、愛重現在這段經文中（2 節，5 節）。在保羅看來，信、望、愛似乎是一起工作、互相關聯的。我們是因着**信**被稱為義，我們站在這恩典中（因信）歡歡喜喜地**盼望**——**盼望**神的榮耀。保羅的邏輯是患難生忍耐，忍耐生老練，老練生盼望。盼望不至於羞恥，因為所賜給我們的聖靈將神的**愛**澆灌在我們心裡。

因此，保羅在羅馬書五章 1–5 節中用談論信、望、愛的方式來談論末世（部分地）。特別是因為神的愛澆灌在我們心裡，所以盼望不至於落空（「盼望不至於羞恥」）。神的愛澆灌在我們心裡和盼望神的榮耀有什麼關聯呢？當保羅寫道，神的愛澆灌在信徒心裡是因為所賜給我們的聖靈，保羅似乎（至少有可能）想到了以西結書三十六章和耶利米書三十一章這樣的重要經文。對信徒而言，盼望不至於羞恥是因為：所賜給我們的聖靈將神的愛澆灌在我們心裡。根據以西結書三十六章和耶利米書三十一章（輔助經文：結十一 19–20 等），神將祂的靈賜給人，為要叫那人行在神的道中，遵行祂的律例。神的百姓以聖靈作成的順服為印記，基督徒就不至於羞恥。我們可以真實地（且信心十足地！）盼望神的榮耀（羅五 2），因為基督徒是神正在轉變的人，該轉變的發生是靠着神的恩典、藉着聖靈，因為神的愛澆灌在祂百姓的心裡。注意：這與因信稱義有關。如今我們站在恩典中，是因為我們已經因信稱義。單憑信心而非行為得稱為義對於整件事情來說極其重要。然而，神沒有允許我們只要稱義之後就可以坐享其成。祂要造一群被祂的靈所轉變的人。此處確實部分重現了申命記三十章6節的內容：「耶和華你神必將你心裡和你後裔心裡的污穢除掉，好叫你盡心盡性愛耶和華你的神，使你可以存活。」

哥林多前書四章3–5節

　　這也是一段重要經文，保羅在此處清楚談及將來的審判，並使用了「稱義」這個詞（林前四4「不能因此得以稱義」[*ouk en toutō dedikaiōmai*]）。保羅雖不覺得自己有錯（第4節），[7] 卻也不能因此得以稱義。如果他不覺得自己有錯，為什麼不能因此得以稱義呢？保羅寫道（第4節）：「判斷我的乃是主。」這句話本身並沒有告訴我們這一審判將**何時**發生，或者已經發生了。但是保羅在第五節提醒我們：「所以，時候未到，**什麼都不要論斷**，**只等主來**，他要**照出**暗中的隱情，**顯明**人心的意念。那時，各人要從神那裡得着稱讚。」注意，該審判顯然是指向未來的。保羅告誡

7　他在第四節的前半節寫道 *ouden gar emautō synoida*（我雖不覺得自己有錯）。

我們「時候未到」什麼都不要論斷。神**要**（將來時態）把必要的事情「照出」、「顯明」。就本文而言，我們僅指出保羅在談論**將來**審判時使用了稱義一詞（動詞 *dikaioō*）。人們能區分將來的審判和某種稱義的未來範疇，但是不能破壞兩者之間的關係。畢爾在這段經文中看到了所謂的「彰顯的稱義」。「最終的稱義使得‘在基督裡’稱義的特徵顯明出來，而這在主再來之前在不信的人眼中是不可見的。」[8]

哥林多後書五章10節

保羅在這段經文中談到「我們」（在此大概指所有基督徒）時寫道：「因為我們眾人，必要在基督台前顯露出來，叫各人按着本身所行的，或善或惡受報。」基督徒和非基督徒都必須面臨審判，所有人都將按着本身所行的，「或善或惡」，「受報」。

以下兩個簡短的評論是顯然的，它們跟我對羅馬書二章6節的評論相似。首先，基督徒必須面對審判，這是不可避免的。這個審判基於他們自身所行的。此處沒有提及「行為」，但是保羅的確談到「本身所行的，或善或惡」——明確講到人的行動（或行為）。第二，

[8] Beale 2011: 512. 有趣的是，加爾文將保羅在林前四 5 所說的理解為：「在顯明誰配得冠冕**之先**，你就行了這事（做出尚無根據的審判），但耶和華卻定了一日，要將一切顯明出來。」（1981¸20.2: 157；重點強調出自原文）

保羅沒有（再次，在此）談到對神律法完美順服的必要性。然而，將來的審判將考慮到我們今生所行的——或善或惡。

雖然哥林多後書五章 10 節沒有提及稱義，但是像在哥林多前書四章 3–5 節看到的那樣，畢爾也在該節經文中看到了一種「彰顯的稱義」。畢爾寫道：「對信徒最後的審判是根據他們的行為，這審判『反映並進一步證明了，稱義已經在他們身體的復活中被公然彰顯出來』。」[9]

雅各書二章

雅各書二章 21–26 節寫道：

> 我們的祖宗亞伯拉罕，把他兒子以撒獻在壇上，豈不是因行為稱義嗎？可見信心是與他的行為並行，而且信心因着行為才得成全。這就應驗經上所說，亞伯拉罕信神，這就算為他的義。他又得稱為神的朋友。這樣看來，人稱義是因着行為，不是單因着信。妓女喇合接待使者，又放他們從別的路上出去，不也是一樣因行為稱義嗎？身體沒有靈魂是死的，信心沒有行為也是死的。

---

[9] Beale 2011: 509; 他引用了 Gaffin 2006: 99–100。

對於新教基督徒而言，一個長期的誘惑就是去敷衍這段經文。這肯定行不通。如果新教信徒真的要成為以《聖經》為本的人，他們就必須正視雅各書第二章。我們首先要承認，**不論以什麼方式去理解雅各說我們「稱義是因着行為，不是單因着信」，他的意思是**基督徒稱義肯定是因着行為，不是單因着信。穆爾的總結很全面：

> 信徒本身始終罪有應得當受神的審判：我們遵守「至尊的律法」從來都不是完全的，但是律法必須要完全遵守（10–11節）。不過，我們仁慈的態度和行動（善行）將被視為是基督住在我們裡面的證據。我們和為我們完全了律法的（復活的）那一位聯合，（最終）基於此，在受審判時我們才有信心證明自己無罪。[10]

麥卡特尼（Dan G. McCartney）［很大程度上追隨着蒂莫．拉托（Timo Laato）］認為，細讀雅各書就會發現「雅各正是以耶利米書三十一章31–34節的預言為背景。預言末世律法要寫在心上（植入），這就構成了新約（參林後三）。」[11]

---

10 Moo 1985: 99.

11 McCartney 2009: 273. 參看 Laato 1997。

不論保羅談論「行為」和「律法的行為」（當然是有爭議的）時是什麼意思，雅各只是想用「行為」表達行動要源於信心（雅二 14–26）。當雅各講到「人稱義是因着行為」（*ex ergōn dikaioutai*）時，他只是在講當人們藉着行為表達信心時（因為真信心總是有行為的信心）就得稱為義了。換言之，人順服神時就得稱為義（被證明無罪）了。他們被視為義。[12]

我們在面對雅各的觀點時，不應錯過顯而易見的事。《新約》中的許多經文表明行為在將來的審判中起一定作用，該審判要根據行為和／或稱義的未來範疇或要素執行，不論人如何理解這些經文，雅各似乎關心過去發生（在將來最終的大審判之前，在亞伯拉罕的生活中）的靠行為稱義的事情。換言之，雅各樂於教導說，亞伯拉罕獻上以撒時，就真正因行為稱義了（雅二 21）。雅各可以如此教導：「這就應驗經上所說：『亞伯拉罕信神，這就算為他的義。』」（雅二 23）也就是說，亞伯拉罕的順服（行為）被視為「應驗了」經上的話（創十五 6），他藉着信心而非行為得稱為義。

或許如下是將（初步？）看似截然不同的部分聯繫起來的最佳辦法。藉着得救的信心，罪人得以與基

---

[12] 「這信仰是活的，忙碌又積極的。叫人不得不持續地行善。」（Luther's Works 35: 370; 引自 McCartney 2009: 278）

督聯合並被稱為義，這時罪人就與《聖經》中的神進入了得救恩約的關係。罪人被宣稱為公正／正義（罪人在最後大審判中的裁決已經在現在宣佈了）。真正得救的信心是有行為的信心，因為真正得救的信心（按定義）是信靠並依賴《聖經》中的神的信心。在基督徒的一生中，神看基督徒充滿信心的行為並說：「這人是義的。藉着信心而非行為，這人與我進入了恩約關係。在她有得救信心時我稱她為義。如今，她靠信心而行——有行為的信心——我看着她並再次說：『公正』或『公義』。因為這人有持續的信心，這真實的信心在行為中顯明出來。這些行為並不配得從我這裡得着什麼，怎麼配得呢！然而，我看着我的孩子，看見他們表現出有信心而發的行為，我就稱他們為『公正』或『公義』的。」

啟示錄二十章11–15節

啟示錄二十章 11–15 節是極其重要的經文。在「白色的大寶座」的審判前，一些「案卷」被展開了（12 節）。然後，「另有一卷」——「生命冊」——也展開了。死了的人都「憑着這些案卷所記載的，照他們所行的受審判」（12 節）。在 12 節中，這審判對於基督徒和非基督徒而言是一樣的，都是照他們所行的受審判。12 節和 13 節重複了「照他們所行的」（*kata ta erga autōn*，我的翻譯）這一確切的短句。[13] 在這個審判中，基督徒和非基督徒的審判之間沒有完全的對稱性。所有人「照他們的行為」（12–13 節）受審判，但是基督徒的判決（最終）是有利的，這基於一件事實，就是他們的名字要被記在「另有一卷」——「生命冊」上。即使從將來審判的角度，這也並非說行為是多餘的。

畢爾指出，在啟示錄十三章 8 節中「生命冊」的全稱是「被殺之羔羊生命冊」。[14] 雖然的確有「照他們所行的」審判，但是這審判必不能脫離一件事實，即基督徒最終的審判與耶穌受死的事實相關——基督的死保證了那些在祂裡面的人得着有利的判決。矛盾的是，我們將來的（有利的）判決透過耶穌的死得到保證。因為神已經定意將祂子民的名字記在「生命冊」上，確信無疑我們將得着有利的判決。

故此，基督徒和非基督徒受審的每個層面並沒有完全相對應的。神審判的標準（祂自己的！）沒有改變，這標準也用於審判基督徒和非基督徒。不過，在啟示錄二十章（尤其讀到啟三 5；十三 8；十七 8；二十 5；二十一 27 這幾節相關經文）中，我們看到一個對基督徒有利的判決，是因為基督徒的名字被記在生命冊上。

---

13 《聖經英文標準版》和《新國際版》都將此譯為「照他們所行的」。我譯成「照他們的行為」，為了使人留意 *erga* 的出現，在《新約》中通常翻譯為「行為」。

14 Beale 2011: 350–351.

在啟示錄十三章 8 節中，我們看到「生命冊」是「**被殺之羔羊**生命冊」，因為羔羊為我們受死，所以我們的名字被記在「生命冊」上。正如羔羊戰勝了死亡，我們這些**靠着信心而非行為連於基督**的人最終戰勝了死亡。畢爾恰當地總結道：「只有當他們被視為與復活的羔羊以及他們『在（復活的）主裡』的行為一致時，才能在末日對他們（基督徒）的行為做出評價。」[15] **重要歷史人物**

看過了重要的經文段落，讓我們轉而看看從基督徒思想史中一些重要人物那裡能收集到怎樣的智慧。這一部分，我們將簡略介紹一些較早期的人物：約翰 · 加爾文、約翰 · 歐文、喬納森 · 愛德華茲和霍志恒（Geerhardus Vos）。然後，轉向幾位重要的當代學者：理查德 · 葛富恩、西蒙 · 加斯科爾（Simon Gathercole）、葛雷格 · 畢爾。在下結論之前，我們還將延伸開去看看湯姆 · 賴特（又作 N. T. 賴特）的稱義觀。

約翰 · 加爾文，稱義和行為

傳統福音派神學（正確地）宣稱稱義的一次性和**過去式**。我們**已經被**稱為義，因此如今才能站在神的面前。但是在福音派傳統中，也有仔細應對將來稱義和根據行為施行審判的問題。鑒於約翰 · 加爾文對隨

[15] 同上，514。畢爾的話中插入了「（復活的）」。

後新教神學的影響（包括現今認為的「聖經神學」），在此提及他很適時。值得注意的是，這不是一個無關緊要的問題。加爾文提醒：「在學院陰涼的回廊中，任何人都能輕鬆地高談闊論善行在使人稱義中的價值。但是當我們來到神的面前，就必須放棄這樣的消遣！」[16]

加爾文概述了他對稱義的理解，認為稱義有兩種途徑：靠信心或靠善行。既然沒有人能靠行為稱義，那麼唯一可能的途徑就是靠信心稱義。[17] 加爾文堅信人不可能鑄造某種能合在一起令人稱義的信心—善行混合體：「因信稱義和因行律法稱義截然不同，甚至不能共存。」[18]

加爾文寫道：「雖然行為極為重要，然而行為的價值來自神對這些行為的喜悅，而不是行為本身的價值。」[19] 這點是加爾文在《基督教要義》隨後章節中要闡述的內容。行為是有價值的，**但價值不在行為本身**。與奧古斯丁如何認定神「加冕祂自己的恩賜」類似，加爾文繼續主張行為的價值在於神對它們的悅納。加爾文在同一章中的確寫道：「這些行為之所以配得稱為義行和配得獎賞，完全出於神的良善。」[20] 加爾文稍

16 Calvin 1960: 3.11.1.
17 同上，3.11.2。
18 同上，3.11.13。
19 同上，3.11.20。
20 同上。

後更明確地指出:「按照他們自身的價值,人所有的行為都是骯髒和污穢。」[21]

在加爾文看來,未悔改的人所作的任何行為都源於一顆有罪的心。這些行為事實上就是罪:「就未潔淨之人而言,他們最光榮的行為在神面前不但不是義行,反而是惡行。」[22] 的確,「只有當人討神喜悅之後,他的行為才能蒙神悅納。」[23]

在加爾文看來,我們行為的任何價值都和我們與基督的關係息息相關。因此,「我們一切的行為憑它們自己都無法使我們蒙神悅納,也不能討神的喜悅,甚至任何行為本身都無法討祂的喜悅,唯獨穿上基督的義才能討神喜悅並且蒙赦罪。」[24] 同樣,「我們的行為只會引發神的報應,除非他們蒙神憐憫的支撐。」[25] 善行的確是神的恩典,**正因為**它們是出於神的恩賜,因此不容輕視。加爾文贊許地引用了奧古斯丁的話:「求你不要藐視你手所做的;求你在我的行為上看見你自己的而不是我的工作。因為若你看到我的工作,我將被定罪。若你看到自己的工作,你將加冕之。因我所擁有一切的善行都來自你」[26]

[21] 同上,3.12.4。
[22] 同上,3.14.8。
[23] 同上,3.14.9。
[24] 同上,3.14.13。
[25] 同上,3.14.16。
[26] 同上,3.14.20。加爾文在詩篇 137: 18 引用了奧古斯丁。

正如改革宗傳統的其他跟隨他的人一樣，加爾文認為善行是得救的「次等原因」。這一切都縫繡在神至高無上的恩典這一神學帷幕之上：「神出於祂的憐憫所預定得永生基業的人，按照祂的安排，神領他們藉着善行獲得這基業。」[27] 加爾文當然非常清楚，在這個關鍵點上可能會被誤解，所以他寫道：

> 在神安排的次序中，祂常將先前發生的視為之後發生之事的起因。雖然祂有時教導永生來自善行，但祂的意思並不是說善行是永生的根基，而是神稱祂所揀選的人為義，是為了至終使他們得榮耀（羅八30），所以祂常將在前的恩典視為後來發生之事的起因。但當神要確定主要起因時，祂沒有吩咐我們在我們的行為中尋求慰藉，而是要我們單單思想祂的憐憫。[28]

再一次，神首先將我們的行為視為神賜予我們的恩賜。加爾文寫道：「既然神是照着祂自己的慈悲，而不是祂至高的公義鑒察我們的行為，所以祂能悅納

奥古斯丁的翻譯（在 Calvin 1960 中）出自《尼西亞及後尼西亞教父集》。

27 同上，3.14.21。

28 同上。

這些行為**彷彿**它們是完全純潔的，因此，雖然我們**不配得**，神卻仍將以在今生和來世無限的福分作為獎賞賜給我們。」[29]

然後，加爾文發表了極好的評論：

> 我也不同意一些聰明和還算敬虔之人所做的區分，即善行配得領受今世的祝福，而永恆的救恩唯獨藉信心而來。因神幾乎總是將勞碌所應得的稱讚和作戰所應得的冠冕留到天堂才頒發。[30]

加爾文認為：「沒有人可以因行為稱義（參羅三20），反而，人稱義完全在行為之外。不過，討論行為本身有何價值是一回事，而談到在人稱義後之行為的價值又是另一回事。」[31] 這些行為「在信心的義被建立之後」所處的位置，是本書所關注的。

加爾文問：「神是否會任憑那些被祂稱為義之人的本性，絲毫不改變他們的惡行」。他回答道：「這很容易回答：因為基督是不能被拆分的，所以我們在祂裡面看到的這兩者，即公義和聖潔，是相互連結，

---

[29] 同上，3.15.4；我的強調。
[30] 同上。
[31] 同上，3.17.8。

不可分割……」。[32] 加爾文又繼續說那些「神稱為義的，祂也使他成為聖潔」。[33]

加爾文如何評論行為在稱義中的地位呢？他認為善行本身毫無價值。「《聖經》教導我們，除非我們的義行源於基督無罪的香氣，否則我們一切的義行在神眼中都是惡。《聖經》始終勸阻我們：不可自以為義。」[34] 更確切地說，加爾文努力發掘得救的信心和對行為如何被評估兩者之間的關聯。他寫道：「信徒所行的善是被認定為義，或同樣地，被算為義的（羅四 22）。」[35]

同一主題不斷重現：只有**首先**持守因信稱義的中心地位和不可侵犯性，才能理解善行在基督徒生活中的地位。所以加爾文說：「除非因信稱義完好無損，否則人不潔的行為會被顯露。」[36] 加爾文的關鍵在於，不僅人稱義是單單倚靠信心，而且他／她的行動（或行為）得稱為義也是唯獨倚靠信心：「假如說人藉着因信稱義不但使自己被神稱為義，他的行為也會在自身價值之外一同被稱為義，這也不為過。」[37]

雖然他的反對者認為信徒的善行是部分的義，但

---

32 Calvin 1851: 3.244; 轉引自 Lillback 2007: 64。

33 見加爾文（1981, 19.2: 135）對羅三 21 做的註釋；轉引自同上 55。

34 Calvin 1960: 3.15.16.

35 同上，3.17.8。

36 同上，3.17.9。

37 同上。

是加爾文認為是完全的義。加爾文寫道:「在這意義上,我們不只承認行為上部分的義,就如我們的論敵所主張的那樣,我們甚至承認信徒的善行蒙神悅納就彷彿它們是完全無瑕的。」[38] 加爾文總結了他的想法:

> 所以,就如我們被嫁接到基督身上之後,在神眼中稱義,是因基督的無罪遮蓋了我們一切的罪孽。同樣地,我們的行為也被稱為義,而且神之所以如此看待它們,是因為這些行為上的任何不潔都被埋在基督的純潔之下,神也不將之定罪。因此,我們理所當然地說:不只是我們自己,就連我們的行為也都唯獨因信稱義。[39]

他繼續寫道:

> 如果這行為上的義,不管它屬性如何,完全倚靠信心和白白的稱義,並且是由信心和稱義使然,那它就是在信心之下或與信心相比是次要的;因此,如同結果和起因相比是次要的一樣,靠行為上的義不能被高舉到毀壞因信稱義或被用來蒙蔽因信稱義。[40]

---

[38] 同上, 3.17.10。
[39] 同上。
[40] 同上。

的確，「那些行為因其他過犯以及自身的污穢是沒有價值的，除非神同時赦免二者的瑕疵，並將義白白地賜給人，他們才有價值。」[41]

在處理關於「照各人的行為報應各人」的段落，加爾文寫道：

> 神唯獨藉着自己的憐憫接納祂的百姓得生命，但神也藉着善行之恩，引領他們獲得這生命，使他們照祂所預定的次序，完成祂在他們身上的工作。所以，若說他們將照着自己的行為被加冕亦不足為奇，因神無疑藉這些行為給他們預備得永生的冠冕。[42]

這使得加爾文開始談論善行的目的。他聲稱：「神喜悅藉善行操練我們默想祂應許的應驗，或作結果實，並藉着行善急忙奔走天路，為要得着為我們持守在天上的盼望。」[43] 在加爾文看來，永恆的生命（從終極意義上）是我們**最初**得着祝福所結的「果實」，而不是因着我們的行為。[44] 同樣，他寫道：「聖潔的生活雖然不能使我們獲得天國的榮耀，但的確是神自己用來引

41 同上，3.17.15。
42 同上，3.18.1。
43 同上，3.18.3。
44 同上。

領祂選民獲得這榮耀的方式。」他認為這樣是恰當的。[45]

加爾文肯定了奧古斯丁（引自奧古斯丁的《論恩典與自由意志》）：「除非神首先賞賜人那‘稱罪人為義’的恩典，否則人怎能稱義呢？」然而，加爾文說他想為奧古斯丁的思想再增加一些內容：「神怎能將義歸給我們的行為？除非祂的慈愛遮蓋我們行為一切的不義。且祂怎能視這些行為應得獎賞？除非祂以自己無限的愛除掉一切應得懲罰的罪。」[46]

加爾文對羅馬書中重要經文的註釋值得注意。關於羅馬書二章 6 節（「祂必照各人的行為報應各人」），加爾文寫道：「這節經文並不像人們普遍認為的那樣難。」[47] 在加爾文看來（也是奧古斯丁的重點），這是關於神的事情：「當祂使那些祂預定要得榮耀的人成為聖潔，祂也願為他們的善行加冕，但不是因為這些行為有任何酬勞……」[48] 的確，「儘管本節宣稱善行要得着獎賞，但絕非表示善行有任何價值，或是應得什麼工價……從獎賞推斷出功德來，這是極其荒謬的」。[49] 加爾文的邏輯極其重要。可以存在一個（適當的！）給善行的「加冕」，而**不必**將「功德」混入其中。

---

[45] 同上，4。

[46] 同上，3.18.5。

[47] Calvin 1981, 19.2: 89.

[48] 同上，89–90。

[49] 同上，90。

在這裡，加爾文認為**行為本身**被稱為義。換言之，神察看信徒的行為，並且因為這些行為連於或倚靠一個於此以先（更核心的）的單憑信心而非行為的稱義，這樣的行為就被稱為義。在加爾文看來，行為確實很重要，但是他堅持認為，神看待基督徒的工作是依據且連於因信稱義，而非行為。行為在審判中確實很重要。即便如此，加爾文（和奧古斯丁）認為神在我們裡面「以祂的恩賜為冠冕」。

因為他堅持稱義單靠信心的首要地位，也因為他以基督為中心的方式來對待這個問題（尤其是與基督聯合），**就唯獨因信稱義這一點，加爾文在任何意義上都未打折扣**，所以形成了行為和稱義的連貫神學。

約翰·歐文和稱義

我們簡略地看一下偉大的清教徒神學的闡釋者約翰·歐文，他花大量篇幅寫了關於基督徒生活的**翻轉性**（詳見《與神相交》），並針對錯誤的稱義觀表達了神學上的關切（詳見《因信稱義的教義》）。[50] 歐文認為稱義最終是單數的，這「一次」的稱義是終極的。他反對他所認識的羅馬天主教的觀點，即存在兩種稱義（最初的和最終的）。他寫道：「在神看來，我們在神面前的稱義藉着耶穌基督乃是一體的，是立即完

[50] Owen 2006［參見特魯曼（C. R. Trueman）寫的有幫助的介紹文章］。

全且完整的，（兩種稱義之間）這一區別是無用、盲目的發明」。[51] 雖然我們必須面對根據行為的審判，但是有必要和歐文一起指出，一個人能（且應當）保持對唯獨信心（**sola fide**）強有力的肯定，並且仍然肯定善行、順服和忠信的必要性。換言之，人們必須思考善行、順服和忠信與稱義之間的關係。因此歐文寫道：

> 雖然所有人都完全贊同稱義之人擁有個人的順服是必要的，但是在這裡看似不同的地方，不在於稱義教義的內容，而在於神施行恩典的次序，並我們自己的責任與造就的關係，教導我該如何使用自己的自由，正如別人如何使用他們的自由一樣。[52]

歐文繼續寫道：「稱義是一種在它的所有成因和全部果效中立即完成的工作，儘管不能立即完全擁有它給予的所有權利和頭銜。」[53] 我們必須認識並抓住歐文此處的意思。他似乎在說，雖然在十字架上所得到的稱義本身是完全的，但是（罪人）在十字架上所擁有的稱義卻是不完整的。已經完成的事（我們的稱義）必須被應用（在罪人身上，藉着信心）。隨後歐文證

---

[51] 同上，158。
[52] 同上，162。
[53] 同上。

實了這一解釋：「我不是說我們的稱義隨即就完全了，而只是說值得讚揚的促成稱義的起因一旦完成，就不需要再次被更新或重複了。」[54] 此外，當一個人唯獨靠信心得稱為義，可以說在最初的或得救的信心這點上，一個人的稱義不是在所有意義上被完全**擁有**的。

歐文認為對已經被稱義之人而言，順服於神是義不容辭的：「在完全稱義後，信徒有責任在凡事上順服於神。」[55] 我們唯獨繼續靠信心稱義，但是這個信心除了有其他果效之外，也會產生行動。歐文寫道：「此處的信心確實會做工並在諸事上發揮作用，包括：因着神的意思憂愁、悔改、謙卑、自審，以及憎惡（惡）、熱切禱告祈求、謙卑地等候神平安的回應，並操練更新的順服。」[56]「的確，在已經被稱義的階段中，我們所有的進步完全歸因於信心。」[57] 顯然，歐文想說基督徒的生活**應當**（在某種程度上必須）帶着順服的印記。同時，他也認為唯獨靠信心是保持持續稱義過程的途徑。他說：

> 如果這是這個立場所意指的，那麼我們稱義的持續性取決於我們的順服和善行，或者說我們的順服和善行是稱義持續的條

[54] 同上，163。
[55] 同上，164。
[56] 同上，167–168。
[57] 同上，168。

> 件，即神必然要求所有被稱義的人要有善行並順服，忽視了它們，就與稱義的狀態不一致了；如此**認同是順理成章的**，我永遠不會和人因他們選擇表達自己想法的方式不同而爭論不休。[58]

為了確保自己沒有被誤解，歐文隨後寫道：「但是若有人問，我們是憑着什麼使得我們立即以一種義務的態度來贊同我們稱義的地位的延續，也就是罪得赦免，並靠着信心被神接納——我們會說是唯獨信心。」[59] 歐文謹慎指出，我們的行為在稱義中毫無地位，行為不是繼續稱義的起因、方法和條件：「在我們繼續稱義的狀態上，一切其他順服的義務伴隨着信心而來，正如這是信心必然的果效和果實，但這不是因此終止這果效的原因、方法和條件。」[60]

歐文很有幫助，因為他一再肯定善行與順服的必要性，但是談及它們與得救信心和／或稱義的關係時卻很謹慎。因此，他寫道：

> 神要求所有信徒在這福音中並藉着這福音誠心地順服，儘管他們要借助耶穌基督所賜的恩典的幫助，神要求這順服要在祂的

58 同上，169；筆者的強調。
59 同上。
60 同上，171。

> 百姓心中並藉着他們去履行。神要求所有的百姓要有真正的順服、責任和公義的行為……這些所要求的善行對於所有信徒而言都是必要的，這是公認的。[61]

他又寫道:「同樣, 可以承認信徒因着順服或義行, 在《聖經》中被稱為義, 是個人且內在的義。」(路一 6, 約壹三 7) [62]

歐文對我們來說特別寶貴, 他經常和那些否認或削弱唯獨信心而非行為稱義的重要性和中心性的人進行神學辯論。[63] 下面這段出自歐文的話恰如其分地表達了他的核心觀點:「按照所有成因和果效來講, 稱義是一件立即完成的工作, 然而不是立即完全得着它所賜的所有權利和頭銜。」[64] 歐文的觀點似乎是: (1) 基督在祂的死中已經完全促成了罪人的稱義——沒有什麼要加添在十字架上; (2) 藉着信心, 一個人完全徹底地被稱義; (3) 被稱義的人必須順服神。當然, 最後這個觀點, 被稱義的人必須順服神, 是最最棘手的問題。

歐文樂於認為基督徒的生活要有順服的印記。那

---

[61] 同上, 174。

[62] 同上。

[63] 特魯曼是正確的:「實際上, (歐文) 非常重視善行在信徒生活中的作用。」(2007: 118)

[64] Owen 2006: 163.

些有真信心的人確實會在「為罪依着神的意思憂愁、悔改、謙卑……」中操練自己。[65]「迄今為止，這些責任對於稱義的持續是必要的，稱義的地位不能跟與之相反的罪與惡行相容。」[66] 所以基督徒的生活實際上將帶着真實心靈順服的印記。歐文對這些事情的解釋十分獨特。他區分了（1）「我們持續的稱義倚靠什麼」（信心），（2）「關於順服，我們需要履行什麼義務」（對神普遍的順服）。[67] 同時，歐文承認他不會與那些想要用如下方式表述問題的人爭論（儘管這種措辭似乎不是他想要表達的方式）：

> 我們稱義的持續取決於我們的順服和善行，或者說我們的順服和善行是稱義的條件。換言之，對所有已經稱義之人，神必然要求善行和順服。忽視了它們就與稱義的地位不相稱了。[68]

當歐文解釋他的觀點時，他清楚區分了「律法性的義」和「福音性的義」。「律法性的義」就是唯獨

[65] 同上，168。
[66] 同上，168–169。
[67] 同上，169。
[68] 同上。歐文措辭謹慎。此處，他認為「稱義的持續倚賴順服」，善行是稱義的「條件」。在同一頁他寫道：「我們竭盡全力也未能得來稱義的持續性，但只有竭盡全力，我們才能免受那些與之相悖並且具有破壞的事物的影響。」

因着信，基督的義歸算在我們身上。「福音性的義」就是我們在善行中的義；這善行源於律法性的義。歐文和我在此處的觀點一致：「主基督是我們福音性的義，也是我們律法性的義。」[69] 換言之，「律法性的義」和「福音性的義」臨到我們都是出於基督。「因為我們的成聖是祂為我們所做、所受苦的果效」（指弗五 25–26 和多二 14）。[70]

與加爾文一樣，歐文發現唯獨因信歸算給我們的義，和神如何視我們的行為為「義」之間存在密切的聯繫。歐文的表述略有不同：「因着對我們白白的稱義，祂接納它（我們『個人的義』），贊同它，而它也正是在我們裡面、經由我們做成的。」[71]

就本文而言，至關重要的是看歐文最終的觀點。「絕對地」（歐文的話）被稱義，必定是我們靠着信心而非行為獲得的律法性的義。但是那位靠着信心而非行為得以「絕對」稱義的人必須確實藉着順服顯出他／她的稱義，**如果沒有那樣的順服，這個人在將來就不會被稱義**。以下是歐文的話：

> 不管在何情況下詢問此事時，不是單單靠着基督歸算在他身上的義，一個如何罪該

[69] 同上，179。
[70] 同上。
[71] 同上。

> 萬死不得善終的罪人，都將得寬恕、被宣判無罪和稱義；而是一個宣告福音的信心或在基督裡的信心的人，當如何受考驗、被評價，並因此將被稱義，我們認為這必須靠他個人真誠的順服。[72]

歐文的確認為，基督徒的順服在將來的審判中是必要的。行為在稱義的未來範疇確實也是必要的。歐文並不認為該順服必須是完美的，或必須有某種可量化的順服。他也並不關心不完美的順服如何被視為完美。歐文似乎很滿意地認為，與神和好、唯獨因信稱義的人，確實會顯出善行，而這些善行在人稱義的將來部分中起作用。

喬納森 · 愛德華茲和稱義的未來範疇

喬納森 · 愛德華茲設法詳盡地處理在神學框架中順服或行為的地位，以此肯定唯獨因信稱義。愛德華茲當然肯定聖徒的堅忍（perseverance），但是他指出「它（堅忍）如何是必要的還未被充分闡明」。[73] 此處是愛德華茲對信心與堅忍之間關係的概述（在愛德華茲看來，堅忍包括了真實的行為或順服）：

---

[72] 同上，180。

[73] Edwards 2000: 353.

> 儘管加爾文主義神學家們認為堅忍對於得救是必要的，但是在我看來，它如何是必要的還沒有被充分地闡明。它被公認為**是必不可少的**；也由此表示，儘管我們最初有權得着永生不是因為堅忍，但是為了真正得着永生，堅忍作為得永生的途徑是必要的；我們不應該得着永生卻沒有堅忍，正如一個人不穿過通向城鎮的道路就不能去到那裡。但是，我們依靠堅忍得救，於是救恩對堅忍有所依賴，正如堅忍在其中的影響，依靠堅忍，我們得救也就順理成章了。信心是得救的先決條件；藉着信心我們得以稱義，得蒙救贖，我們因信心被視為有權擁有救恩是理所當然的。但是救恩所依賴的信心，和這信心生出堅忍，他們是一體的，作為得着救恩的先決條件，他們是相互一致的根本性的根基。信心使我們有權利接受這救恩變得順理成章。因此，救恩是基於信心的某些屬性或歸屬於它的某些事物，其中之一就是堅忍。[74]

愛德華茲是十分正確的。按照《聖經》，堅忍是最終得救必不可缺的條件。愛德華茲正確指出，我們

---

[74] 同上，353–354。

不是**首先**藉着堅忍有權得着永恆生命。儘管如此，「為了實際得着它（最終救贖），堅忍是必要的」。堅忍確實是「通向它（最終救贖）的途徑」。救贖「倚靠堅忍」。最終，正如愛德華茲認為的那樣，信心本身孕育着善行。在他看來，稱義本身在某種意義上倚靠堅忍：「沒有堅忍就得着它（完全、實際地得着永恆生命）是不可能的，正如一個人不穿過通向城鎮的道路就不能去到那裡」。愛德華茲直截了當寫道：「我們確實藉着堅忍得救，於是救恩對堅忍有所依賴，正如堅忍在其中的影響，藉着堅忍，我們得救也就順理成章了。」堅忍對最終得救如此重要，以至於愛德華茲寫道，沒有堅忍「罪人得蒙救贖是不合宜的」。[75]

或許最具爭議的是，愛德華茲將堅忍跟稱義聯繫在一起，他寫道：「甚至在罪人稱義中，堅忍也當考慮在內，配得生命有賴於此堅忍。」愛德華茲繼續寫道：「雖然罪人得稱為義是藉着他最初的信心舉措，但是在稱義的行為中，神考慮堅忍的成分，即在最初的舉措中已有堅忍；它被看作是屬於信心的產物，藉此罪人得以稱義。」[76] 在愛德華茲看來，稱義要「順理成章」，堅忍是**必不可少的**。當神使一個罪人稱義，神已經「考

[75] 同上，354–355。
[76] 同上，354。

慮了堅忍」，因為該堅忍是「在第一個行動（信心）中」，並被視為「信心的產物」，藉此人得稱為義。

為什麼愛德華茲留意稱義的「一致」性？愛德華茲在和如下問題角力是正確的。我們最初操練信心，神稱我們為義，或有義的地位。祂看我們為義。**將來**我們也將被稱為義。在愛德華茲看來，某個人操練真正得救的信心卻**不能**堅忍是不可思議的。

霍志恒，稱義和人的轉變

霍志恒（1862–1949）曾在普林斯頓大學聖經神學系擔任首席。在聖經神學領域，尤其是在福音派中，仍能（相當地）感受到他的影響。[77] 在他的著作《保羅稱義教義中所謂的律法主義》中，霍志恒抓住了關於對稱義傳統或法庭式的理解以及人類轉變的真實性兩者之間的關係問題的核心。霍志恒也試圖闡明，一個人如何能肯定基本的律法原則（包括「行為之約」），同時又肯定罪人根本上是藉着恩典得救（包括法庭式稱義）。這與本書所論述的有所不同，「行為之約」對於本書的論證並不重要。儘管如此，霍志恒的見解仍然彌足珍貴。他寫道：「正因為人類的義有助於神榮耀的彰顯，它（人類的義）外在的體現對它（神的

[77] 與本專著的論點相關的兩個來源特別有幫助：Vos 1952；1980a。

榮耀）完全的實現是必不可少的。」[78] 如果我正確解讀了霍志恒，他提出了一個極其重要的觀點：如果神自己的榮耀是祂所作的一切的中心（這點我贊同），如果人類義的「外在體現」（包括人的善行、順服和忠信）有助於神榮耀的彰顯，那麼神榮耀彰顯的「完全實現」**需要**人類真實無偽的善行、順服和忠信。

若人們理解了聖經神學是絕對的以神為中心性的，就可以避免各種不必要的錯誤。若人們真的相信神是至高無上（良善、聖潔且威嚴），相信祂選擇創造並救贖罪人，並且要將他們組成一個真正祭司的國度，一個聖潔的國度，活着是為要彰顯神的榮耀（**不可**否認稱為聖潔的國度和祭司的國度**也**是這些子民所最渴望和想要的！），即此，神要在歷史中掌權和做工，神要建立聖潔的國度和君尊的祭司，藉着活出神所賦予並激發的善行、順服和忠信的生命，他們彰顯了神自己的同在。霍志恒繼續寫道：「熱切渴望神的公義作為祂屬性中的基本特質的彰顯，而不是猶太教律法主義的朦朧復興，這是保羅稱義教義的基礎。」[79] 亨利·布洛徹贊同：

> 對僕人的應許最終意味着一切榮耀都將是他的。列國的**一切**榮耀、尊貴都歸給僕人

[78] Vos 1980a: 397.
[79] 同上。

> 的耶路撒冷（啟二十一26）。《聖經》教導說，人類行為所結的一切善果，「普遍恩典」所結的每個果子，都將被珍藏在神的國度中：都將促成普世對僕人榮耀的讚美。[80]

當代重要人物

理查德 · 葛富恩，審判與稱義

理查德 · 葛富恩的《憑信心，不憑眼見：保羅和救贖的秩序》（2006）努力解決這類相同的問題。此外，葛富恩認為雖然稱義是至關重要的，但是將「與基督聯合」放在保羅神學的中心位置上會更加明智。葛富恩也着手處理根據行為施行審判和稱義的未來範疇的難題。

正確理解這些問題，而不去錯誤地傳達有關稱義的核心問題，這非常重要。我在此並非說，我們稱義是靠信心加上其他東西（我們的行為或其他）。葛富恩正確指出，稱義問題的關鍵是與基督聯合。人們透過信心與基督聯合。葛富恩認為：「與基督聯合，稱義的基礎要麼在於（1）與信徒迴異的基督，（2）基督和信徒之間的紐帶，或（3）與基督迴異的信徒。」[81]

---

[80] Blocher 1975: 43–44；重點強調為筆者所加。

[81] Gaffin 2006: 51.

葛富恩正確總結道，（2）與（3）比較接近，所以剩下（1）是最佳選項（與信徒迴異的基督是稱義的基礎）。我們是靠神自己，基於在神的兒子裡面所成就的和藉着祂所成就的而得稱為義。我們得稱為義既不是因為與基督聯合，也不是因為聖靈在我們裡面所作的更新的工作——雖然傳統新教神學肯定了與基督聯合和聖靈的更新工作的重要性。

葛富恩寫道，我們只剩下一個選擇，就是保羅的選擇：「藉着與基督聯合，祂的義是我們稱義的基礎。換言之，在稱義中，祂的義成為我的義。」[82] 葛富恩繼續寫道：「基督徒的生命是已經復活的基督的復活生命和能力的彰顯和外在表現，這生命和能力成為那『叫人活的靈』（林前十五 45）。」[83] 依葛富恩看來，我們能肯定基督徒的生命帶着轉變的標記，**毋庸置疑**，稱義本身就是一個轉變的工作。[84] 葛富恩寫道：「根據

---

[82] 同上。

[83] 同上，68。

[84] 葛富恩很好地總結了我的論點的一個基本問題。他指出，對宗教改革傳統中的一些人來說，似乎有一種傾向，即嚴重地淡化了當前轉變生命的重要性。換言之，傾向於強調基督已經**為**我們成就的，而忽視了基督在我們**裡面**（藉着聖靈）做的。葛富恩寫道：「不論是否刻意，該觀點的結果是傾向於將成聖視為信徒對救贖的回應，這成聖是依據稱義來定義的。成聖被視為我們感激之情的表達，感謝我們的稱義和白白的罪得赦免，且通常強調這種感激之情的表達是有缺陷和不足的。有時候甚至有人認為，雖然成

行為而作的將來的審判對於基督徒而言，不是照着與他們已經因信稱義所不同的原則進行的。」[85] 他認為：

> 他們的順服、善行不是將來審判的基礎，也不是輔助信心奪得神聖認同的手段。相反，它們是該信心基本且明顯的標準，是「真實且活的信心必不可少的果實和證據」。[86]

葛富恩與 N. T. 賴特釐清界限，後者認為：「現在得稱為義是基於信心的宣告，而將來的稱義（根據羅二 14–16 和八 9–11）是以整個生命為基礎的公開確認。」[87] 葛富恩似乎在說，行為在某種程度上是「必需的」，但是「根據行為」審判只是確定行為必須存在，

聖非常可取，缺乏成聖當然不合宜與不恰當，但是在信徒生命中，成聖不是得救所不可或缺的，也不是罪得赦免所必不可少的。」矛盾的是，正如葛富恩所見，稱義和成聖的這種區分**似乎**會導致「重新改進過的行為原則的重新引入，這多少會和稱義的信心分離或產生衝突。」（同上，76–77）

[85] 同上，98。

[86] 同上。見凱伯爾（Karlberg）2007 對葛富恩的嚴厲評論。如果凱伯爾的評論緩和了措辭激烈的言辭，應該會有更多聽眾。凱伯爾認為，我們應坦白承認有兩種稱義，一種是單憑信心的稱義，另一種是根據行為的將來的稱義，而不是像葛富恩那樣認為是稱義的兩個階段。（428）

[87] Wright 1997: 129.

為使人在將來得着有利的審判——不是在任何意義上讓行為成為將來審判的**基礎**。

葛富恩也直接肯定了稱義的將來方面。[88] 他寫道:「當基督再來時，基督徒身體復活，我們將看到在最後大審判中，基督徒將來的稱義是『美好且必要的結果』，這與保羅的教導完全一致。」[89] 葛富恩的關鍵在於他堅持必須根據「救贖論已然而未然的模式」去看待保羅對稱義的理解。[90] 正如信徒已經（在重生或皈依時）復活，然而信徒仍有待在另一個最終意義上復活，所以人們能說信徒已經（從得救的信心那一刻起）被稱義，也還有待在另一個最終意義上被稱義。葛富恩指出:「信徒已經與基督一同復活，他們已經被稱為義;在某些方面，因為他們還未復活，仍有待被稱為義。」[91] 他認為:「在信徒看來，死亡是不可迴避的刑罰（『因為罪』），它的消除——撤銷判決的司法結果已經在稱義中生效——不會全部立即發生，而是分兩步展開，第一步是已經實現的，第二步是將來要兌現的。」[92]

葛富恩繼續寫道:「相應的，公開宣稱判決撤銷，即該公開的宣判伴隨着他們身體的復活和最後的審判，

---

[88] Gaffin 2006: 83–100.

[89] 同上，83。

[90] 同上，84。

[91] 同上，86。

[92] 同上，88。

同樣仍然是將來的。從這個意義上看，信徒已經被稱義——靠信心。但是他們有待被稱義——憑眼見。」[93] 同樣，葛富恩將已然而未然的收養跟已然而未然的**稱義**聯繫起來。因此，「收養既是現在的也是將來的，稱義也是如此。」[94]「稱義和收養一樣，仍然需要被公佈或公開彰顯。我們還未被『公開宣佈無罪』。」[95]

葛富恩否認根據行為審判只是假設的觀點，他提出了福音派神學的一個核心問題：

> 本段和其他段詳細闡述了將來根據行為施行的審判。他在其他地方也有清楚且着重的教導，即作為已經宣佈的末世審判，稱義在如今是現實，是單憑信心並基於神顯明在基督裡面歸算的義。我們該如何將這兩者聯繫起來？[96]

葛富恩一如既往在與基督聯合這個已然而未然的事實中找到了答案。葛富恩寫得跟加爾文有些相似：「對基督徒而言，根據行為施行將來的審判不是按照

---

[93] 同上。
[94] 同上，92。
[95] 同上，93-94。
[96] 同上，97-98。

和他們已經因信稱義不同的原則去運作。」[97] 但是這個問題解決了嗎？葛富恩寫道：「不同之處在於最終的審判將是對現在稱義的公佈，正如我們看到的那樣，他們將被『公開無罪宣判無罪』。」[98]

西蒙．加斯科爾，根據行為的審判和稱義

我不會去概述西蒙．加斯科爾的所有觀點，但是他總體的立場和本專著的論點非常相似。不僅《新約》不否認行為和最終審判之間的關係；加斯科爾認為，行為和最終審判之間**肯定**存在基本且密不可分的聯繫。正如加斯科爾對馬可福音十章 17–22 節的註釋：「遵行誡命是將來承受永生的途徑。行為再一次和個人將來得永生聯繫起來……耶穌不排斥報償神學，而是將其重新設定，作為服侍神和神的國度的獎賞。」[99]

保羅也是如此。加斯科爾認為，保羅在羅馬書第二章中的對話夥伴相信「要根據行為做最終審判」。加斯科爾指出：「保羅沒有試圖反對第二聖殿期猶太教的這一教義。他確實欣然地肯定了這點。」[100] 在加斯科爾看來：「最後得救靠行為的教義是其他《新約》經文的一個重要特徵。」確實「在《新約》或早期教

[97] 同上，98。
[98] 同上。
[99] Gathercole 2002b: 124.
[100] 同上。

會史中，保羅都不是形單影隻的；相反，作為保羅神學的一部分，他肯定了根據行為最終得救的重要性，它在整個《新約》神學中也佔據重要地位。」[101]

加斯科爾認為實際上行為確實對最終得救有影響，但是他希望區分這兩者：（1）第一世紀的猶太人對行為在救贖中作用的一般理解，（2）保羅對行為在救贖中作用的理解。總之，加斯科爾發現，關於基督徒順服的**特性**，傳統猶太人的觀點和保羅的觀點截然不同。保羅關於行為的觀點與第一世紀猶太人的普遍觀點有所區別，他的核心觀點是，在基督徒的生命中神所賦予的能力帶來了善行。[102] 因此，第一世紀的猶太人和保羅都肯定了強有力的行為神學。不同之處在於：「保羅認為正如『過去』的得救是神的作為一樣，教會和基督徒的順服也是神的作為。」[103]

---

[101] 同上，131。

[102] 同上，132–133。

[103] 同上，223。加斯科爾是有所指向的。不過，他的表述方式可能會妨礙他的論點。如果他想說，《聖經》中至高無上的神有效地確保和促成了祂子民的順服，這當然很好。然而，若說教會的順服只是**神的作為**，那是毫無益處的。**基督徒**真的順服嗎？如果基督徒真的是順服的，那麼在審判時他們行為的呈現是有意義的。然而，如果這是**神的作為**，基督徒實際上是**不**順服的，那麼某種根據行為施行的審判就毫無意義了。回到本書不斷重現的經典神學問題：神人中介的真實性。

加斯科爾熱切想要證明，許多第一世紀的猶太教認為的方式是，行為帶來稱義，也導致自誇。換言之，行為的確（根本上？）會導致自誇。加斯科爾認為，在保羅看來，模式是由信帶來稱義，繼而帶出行為（**毫無**自誇的理由）。[104] 加斯科爾的見解和我的相似：稱義和順服之間有聯繫。加斯科爾寫道：「稱義開啟了一個新生命領域，在其中順服神是可能的。」[105] 雖然許多第一世紀的猶太教徒**確實**認為亞伯拉罕是因遵行律法而稱義，但是保羅對亞伯拉罕的看法卻不同：「在保羅看來，亞伯拉罕稱義是因為他相信應許，這是在他遵守一切律法之前的。」[106]

葛雷格．畢爾論將來的審判

與許多改革宗傳統一樣，畢爾認為有必要談論（術語可變）某種雙態的稱義，或雙重的稱義，或第一和第二稱義。[107] 當我們最初相信時，是因信稱義而非靠

---

[104] 同上，232–251。

[105] 同上，239；重點強調出自原著。

[106] 同上，243。

[107] Beale 2011: 505–515. 畢爾談到最終「彰顯的稱義」：「我們已經看到，信徒的肉身復活是可見、終末、和末世的彰顯，表現他們末世、看不見、現今稱義的身分。『善行』是這最後『彰顯的稱義』的一部分。」（505）畢爾正確指出：「在改革宗傳統裡常常談到一事，它有不同的名稱：『雙重的稱義』，或過去的因信稱義和隨後的因行為稱義，或『起初的稱義』和『第二次稱義』。」（506）

行為。畢爾稱此為「第一」稱義。還有一種「稱義的最終形式」——在世界終了時的稱義。畢爾認為:「稱義的最終形式和在耶穌裡（這『最初』的稱義）因信稱義不在同一層面上。善行是為聖徒辯護的標記，證明他們已經真正靠基督稱義。」他繼續寫道:「善行不僅證明了一個人先前真實的稱義身份，也可能表明了這個世界判決的不公正，它拒絕承認這些行為是為基督作見證的，因此常常導致政治上的逼迫。」然後，他寫道:

> 一方面，善行在末世審判中是絕對必要的，能為真正相信基督而得稱義的人辯護，以致最終這個人被允許進入新創造的永恆國度。但另一方面，這些行為本身並不會使人得以進入永恆的國度，這個進入是被授予的，因為這些善行被視為那些具有內在稱義信心者必然的外在佩戴的標記。[108]

畢爾對（最初的）稱義的方式在某種意義上的「不完全」（它是且不是！）做出了平衡的描述。他認為「最初的稱義」可以被視為「不完全的」，「僅僅從它是唯獨神和忠信的團體所知曉的裁決的意義上，但是最終這個裁決將公諸於世」。他繼續寫道:

---

108 同上，524。

> 一方面，藉着神的普世宣稱，透過復活和行為的彰顯，最終裁決的公佈使先前宣佈的裁決得以完整。另一方面，某人因着基督的工作有權利站在神面前，這工作在這人一開始有信心時就已完成了。[109]

最後，正如畢爾認為的那樣，「最初的」稱義和「完美的」稱義在本質上都與聯合有關。稱義的各個方面或階段都「基於信徒」聯與基督（祂的死和復活），前者出於信心，後者需要透過身體的復活、對行為的評價和向整個宇宙公開的宣稱三重證明。[110]

附錄：N. T. 賴特，審判和稱義

與許多傳統的福音派一樣，N. T. 賴特認為我們現在的稱義，根據行為的審判，和稱義的將來部分三者之間有着緊密聯繫。換言之，我們**現在**的稱義是**現在**宣佈我們（將來）的判決。這個觀點不是賴特所特有的。在非常基本的層面上，這是相當傳統的新教徒看待問題的方式。賴特指出：「現在的稱義是基於神過去在基督身上所成就的，它且預期了將來的判決……在末日來臨之前，神現在稱一切相信耶穌為彌賽亞和主的

[109] 同上，524–525。
[110] 同上，525。

人為義（羅三 21–31；四 13–25；十 9–13）。」[111]

傳統宗教改革對稱義的理解認為，一個罪人相信耶穌基督，他／她就被稱為義了。罪人被宣告無罪，就是在神眼中看為「清白」。這是稱義的**現在**時態。然而，我們知道存在某種稱義的未來**範疇**：我們**將要**被稱為義。**現在的**「無罪」判決是現在把**將來的**「無罪」判決給了現在的我們。所以只有一個判決：「無罪」。並且只有一**個**終極的稱義。[112] 要清楚，我們現在的「無罪」判決是將來的「無罪」判決；只不過將來的判決已經被宣佈了。威斯敏斯特的神學家們在處理這些問題時，談到稱義的一種「狀態」。[113] 當然，挑戰就在於找出，善行、順服和忠信在稱義的未來範疇的必要性，以及是否這個將來的稱義仍然從根本上是靠信心而非行為。

賴特寫道：「這一宣稱和辯護出現兩次。正如我們看見的，它在將來發生，基於人藉着聖靈的能力所過的整個一生 —— 即它發生是基於保羅重新定義的「行為」意義上。[114] 在賴特看來，「當某人以信而順服來回應福音的呼召，相信耶穌是主，相信神讓祂從

[111] Wright 2001: 8.

[112] 不過，請注意歷史上的新教徒（至少是改革派的傳統）偶爾會簡單談及兩種稱義。判決已經被宣佈了。西敏斯特的神學家們在處理這些問題時，談到稱義的一種「狀態」。

[113] 西敏斯特信條 11.5。

[114] Wright 2006: 258.

死裡復活時，稱義作為**對將來判決的預期**就在當下發生了。」[115] 現在憑信心的稱義是對將來判決的預期（或當我們現在相信，我們將來的判決通過時間的推移，現在就給我們了）。

所以賴特認為，我們將來的稱義，即最終的（根基性的？）稱義，從本質上是以行為作為標記，然後稱義的宣佈被從未來送回到現在。需要清楚，我主張稱義是憑信心而非行為——然後研究行為最終如何跟這個「非行為」計劃相關，但賴特似乎是從**將來的**稱義作為最主要的（包括「行為」）來開始，**那個**（將來／行為）稱義的實現從將來被提前到現在來宣稱。

賴特當然知道本專著所提出的問題。[116] 他很好地總結了最棘手問題的核心：

> 一個人如何描述將來的最終審判日？一個人如何理解保羅再三的聲明，將來的審判

[115] 同上，260；重點強調出自原著。

[116] 討論桑德斯（E. P. Sanders）時，賴特指出：「主要問題出現了：如果第二聖殿時期的猶太教，至少從理論上看認為成為一名猶太人是神的揀選，藉着揀選和恩約；但為了維持恩約成員身份，要最終承受恩約成員的祝福，必須行律法。在神學上該如何理解進一步的行律法呢？人們會給出怎樣的解釋呢？可惜，這不僅使我們陷入了保羅神學的深淵，也陷入了更久遠更複雜的傳統之中，即我們要再次提到的，在順服的議題上，在神的作為和人的行為相互作用之間，我們該何去何從。」（2009: 74）

> 要根據人們的「行為」？一個人如何從神學上描述在基督的跟隨者身上恩典和順服的相互作用？[117]

下面我們看看賴特對這些問題的解答：

> 「祂兒子的靈」（加四6），「彌賽亞的靈」（羅八9）傾倒在彌賽亞的子民身上，所以他們在事實上成為他們已經靠神的宣稱所是的：確實是神的子民，是祂的「兒子」（羅八12－17，加四4－7），在以色列人在出埃及時不斷被稱作是「神的兒子」的背景下。[118]

同樣，賴特想要區分「神子民的**身份**是先於他們所作的任何事情，而他們**蒙召要過的生活**是指向最終的審判」。[119] 同樣地，「一方面，審判已經宣佈；另一方面，如在加拉太書五章 5 節中，判決仍被熱切期待。」[120]

賴特提到了重要的昆蘭文獻 4QMMT，其中提及了「律法之功」。他認為 4QMMT 基本上是保羅本人很

117 Wright 2009: 102.
118 同上，106–107。
119 同上，144；重點強調出自原著。
120 同上。

可能已經說過的內容的樣板，並且他確實說過。因為保羅在腓立比書三章 6 節講到「律法上的義」——當他將自己列在真猶太人的血統之中時，他認為自己有「律法上的義」。像賴特理解的那樣，4QMMT 的意思到底是什麼呢？賴特指出：「正在討論的行為問題不會為行為的實行者**賺得**在神裡面真實、末世的恩約百姓身份；它們會**表明**這個身份。」[121] 對賴特此處的敘述並無異議。新教福音派中最傳統的人會說，行為是真信心的一種「證據」，或者說行為在稱義的將來方面或成分基本上是「可顯明的」(葛雷格 · 畢爾也這麼認為)。賴特不過是說，行為「表明」了我們是恩約裡的一員。如賴特所見：「這無非是現在的『稱義』，是對將來判決的預期。」[122] 目前為止，這點是毫無爭議的。正如我前面提到的，真正的阻難在於如何將現在的稱義和任何稱義的未來範疇（或未來的稱義）聯繫起來。

傳統上，新教徒傾向於認為，唯獨信心而非行為，我們現在得稱為義。因此，唯獨信心，罪人被稱為義。**並且**現在的稱義是我們將來審判的一種「預嘗」或「預示」。在我們得救信心的最初表達，包括當時隨之而來的稱義，和稱義的未來範疇之間存在時間差。因此，與我們在基督裡最初表達信心並在那得稱為義的時候

[121] 同上，146；重點強調為筆者所加。
[122] 同上，147。

相比，在未來稱義的時候，我們將在某種程度上有所不同。賴特是正確的，行為作為順服神且真實被聖靈賦予能力的生命的一部分當然是「必要的」。但是稱義從哪個「方向」起作用呢？雖然這不是解決該問題的最佳方式，但是我要問的是，以下哪個是答案：(1)（「傳統的」新教觀念）我們稱義（最初）是憑信心而非行為，將來要（再次）被稱為「義」。在稱義的未來範疇，需要有行為，但是行為不是我們義的身份的**基礎**，也不是宣佈判決的**依據**。儘管如此，該宣佈的判決稱一個人為「義」，而這個被稱為義的人將在善行中操練他／她的信心。(2)（賴特的觀點，據我理解）我們最初是單憑信心而非行為稱義，在未來被稱為義是靠信心加上行為（大致如此！）。換言之，我們得稱為義（在未來，當我們**真正**被稱為義）是靠信心和我們的善行或順服，我們現在稱義是單憑信心。

賴特在他的腓立比書註釋中總結了他對（最初的）稱義、在聖靈中成長和將來被稱為義的理解。他寫道：「這是最後的歸宿，是被賜予的身份（既是現今也是提前的）在實際聖潔上和最後被稱為義時的終成，這賜予是因信，也唯獨因信。」[123] 在某種意義上，人們可以簡單回答：「當然！在最初相信時，我們唯獨因信稱義。在我們相信時，『行為』是不必要的。隨着

123 同上，152。

時間的推移，神的靈在我們裡面工作，我們的行為就發生了轉變。」此處的挑戰是，賴特如何將所有這些結合在一起。如果在我們相信時被稱為義，如果隨着時間推移會有「實際聖潔的終成」，這個「實際聖潔的終成」是否意味着當我們初次相信時，賜予我們的義的身份隨着時間的推移才變得**相配**——就此意義而言，隨着時間的進程，在任一點上，我們的順服是否真的能被稱為是**完全完美的義**?

此處我的觀點與賴特（照我對他的理解）的相反，按照《聖經》我們應該說：（1）我們的轉變源於耶穌在十字架上所成就的，（2）我們的轉變是出於神聖靈的能力在我們裡面的工作，（3）即使發生（可能的）生命的巨變之後，仍然需要基督的義才能在宇宙的三一神面前站立和同住。

賴特再次給出了有益的總結。我們知道，在他看來重要的是與基督聯合，這點本專著也認同：

> 神證明祂是自己的兒子，是以色列的代表，是彌賽亞，是在復活節預示所有從死裡復活神的子民最終被稱為義的。那些「在基督裡」的人分享了這一身份，在最終宣判無罪之先（從一開始）就已經被證明無罪。[124]

---

[124] 同上，157。

賴特對「傳統的」立場做了總結，（他認為）該立場對將行為作為稱義的構成部分來理解感到不安：

> 「因信心而非行為稱義」的觀點一如既往地持續下去：換言之，基督徒唯一能得到的稱義是因為彌賽亞的功勞，是憑藉信心而非倚靠任何行為、成就、善行，履行律法或任何其他，即使完全出於感激和靠着聖靈的能力行出來。[125]

我已試圖表明賴特的各種觀點稍欠說服力。儘管如此，有關將來審判的各種文本，他肯定是正確的：「他們頑強地待在那裡，不會走開」。[126] 情況確實如此：他們不會走開。賴特繼而提出了一個好的看法：我們不必從**功德**的方面來談論行為的必要性。換言之，我們和保羅一樣承認行為的重要性，但是不必**因此**就認為行為是功德，也不必談「賺得」任何東西。

關鍵是退一步來俯瞰神在《聖經》中所顯明的「全局」—— 在這點上，賴特絕對是正確的。我只想提供一個和賴特不同的「全局」。矛盾的是，該全局一直是改革宗傳統的重要組成部分，賴特時而想肯定，時而想疏離。

---

[125] 同上，186。

[126] 同上，187。

賴特的「全局」是這樣的：神與亞伯拉罕和以撒立約，彌賽亞耶穌降世已經實現神的唯一計劃，為了復興萬事。[127] 總之，作為總結《聖經》的敘事主軸，這並沒錯。雖然賴特在促進對《聖經》敘事主軸的理解上着墨甚多（經常通過與傳統新教或改革宗的「我與耶穌」，「得救」等重點主題進行對比），但是人們不必多看就能發現傳統改革宗神學不遺餘力地藉「大圖畫」來總結《聖經》的敘事主軸。換言之，無論是看加爾文、歐文、愛德華茲還是巴特，人們會發現許多解經家、學者、牧師看到《聖經》涵蓋神有關全宇宙豐富計劃，無論人類還是非人類的領域。

在（或許不幸地）所謂的「舊觀點」中，人們可以覺察所有賴特和其他人所說的關於人類和宇宙轉變是何等重要和高貴的觀點。此外，新教傳統本身就有這種解釋和主張的悠久歷史（此處我並沒有任何標新立異）。

賴特指出：「**將來**稱義的觀點就是這樣解釋的。末日的判決將真實反應出人實際所行的。」[128] 在某處

---

[127] Wright 2009 在多處以不同長度總結了《聖經》的故事主線（31–32, 34–35, 94, 98, 99, 100, 118, 128, 129, 130, 131, 137, 173, 178, 180, 194, 195, 200–201, 206, 207, 224, 250）。

[128] Wright 2009: 193；重點強調出自原著。賴特關注的是顯明神真的有一個「單一計劃，就是藉着以色列來拯救世界」。事實上，這是我和所有傳統的新教徒神學家都會關注和認可的。賴特一再提到這個「單一計劃」，這讓我想到：「這

賴特說到:

> 如果我們跟隨保羅的思路,**在他的聖經神學更大的框架中,保羅認為神與亞伯拉罕**

個計劃源於哪裡?」這個「計劃」是何處或何時開始的?賴特說:「這個單一計劃**始於神對亞伯拉罕的應許**……」(2009: 202; 重點強調出自原著)不過, 這個觀點對錯摻半。如果賴特想談「計劃」, 如果我們試圖與傳統的神的三位一體教義(羅馬天主教、新教和東正教共有)進行有意義的接觸的話, 那麼我們是在試圖理解神永恆目的的領域。我們就開始發現賴特和許多「傳統的」新教(尤其是改革宗)學者之間的分歧。在神學和方法論上, 賴特處於困境。他談到單一「計劃」, 但是在他人追問之下, 往往會說這個計劃「始於」神呼召亞伯拉罕並與他立約之時。此外, 當賴特堅持將「神的公義」稱為是「盟約忠實」, 我們或許會說, 他把這個單一計劃「現世化」了。問題在於: 談到單一「計劃」, 至少在談及神時, 就迫使我們進入了永恆或現世前的領域。不過, 賴特強烈堅持「神的公義」就是「恩約信實」, 這意味着只有在神開始跟亞伯拉罕聯繫時, 神本身的公義才形成(似乎)。賴特講到單一計劃, 這是正確的。人們可能會說, 神的公義**的確/當然**就是祂「自身的」公義。我們有充分的理由認為「公義」是神的屬性之一(或者可能是屬性的一個方面)。神是公義的意味着祂現在是公義的、過去和將來的作為都是對的。不論祂有沒有跟人(亞伯拉罕)建立關係, 神身上的公義一直存在。神當然會遵守諾言, 就像他與亞伯拉罕或其他任何人立約一樣。然而, 賴特似乎擱置神的計劃是神**永恆**和**現世前**的計劃, 卻談及神的計劃始於祂和亞伯拉罕的關係。部分張力在於認為神的計劃是**永恆**和**現世前**的, 祂的公義與這個計劃有關, 這必然迫使人們將神的「公義」理解為先於神和亞伯拉罕所立的約, 因此**必然**會被定義為「盟約忠實」之外的什麼東西。

> **立的約，並為世人經亞伯拉罕所立的約，如今在基督裡滿足了**，從此來看因信稱義（如羅馬書三21至四25），我們發現在這個更大且完全是保羅的框架中，能更直接、容易地理解在基督徒生命中（有時候稱為）「行為」的地位，而不必以任何方式折損「因信稱義」本身的可靠性。[129]

賺取不是問題：「保羅從來沒有說過基督徒現在的道德生活『賺取』了最終的救贖。」[130] 賴特對於（在保羅看來）有聖靈的人必然會顯出擁有聖靈的印記來的認識是正確的：「必須有屬靈生命的印記：人若沒有基督的靈，就不是屬基督的（羅八9）；你們若順從肉體活着必要死（羅八13）。」[131] 賴特繼續寫道：「『因信稱義』是關於**現在**，關於現在你如何能知道在末世誰能被無罪釋放。」[132] 同樣「對保羅而言，強調『因信稱義』也是在強調**所有期盼最終審判的神的百姓現在的身份**。」[133]

賴特在他的書中談到有關現在和將來稱義時總結道：

---

[129] 同上，235；重點強調出自原著。
[130] 同上，237。
[131] 同上。
[132] 同上，239；重點強調出自原著。
[133] 同上；重點強調出自原著。

> 這法庭的判決履行了神的恩約計劃，這判決也同樣基於耶穌基督祂自己。這個判決**現在**和**將來**都要宣佈。現在判決的宣佈是根據信心，也唯獨倚靠信心；神讓一切有聖靈內住的人從死裡復活的那一天，也要宣佈這個判決。現在的判決**確保**了將來的判決將與之相匹配；聖靈賜下**能力**，**藉此**當宣佈將來的判決時，這個判決會被視為和信徒所過的一生一致。[134]

這能令人完全相信嗎？關鍵問題是，將來的判決和現在的判決「相匹配」是什麼意思？如果將來的判決要「與信徒所過的一生一致」，如果將來的判決和現在的判決「相匹配」，那給我們留下了什麼？如果現在的判決是「無罪」或「公義」，在將來的審判中，當我們得到和現在的判決相匹配的判決，我們就**真的**「無罪」或「公義」了嗎？

在基督徒的生活中，行為是必要的。在這個基本點上，我對賴特毫無異議。賴特強調了保羅的觀點，能把這些都結合在一起：與基督聯合。我再次認同賴特關於與基督聯合的中心性的觀點。如果基督是永遠的祭司（來七 23–24；九 24–28），如果我們和賴特一

[134] 同上，251；重點強調出自原著。

起，應當抵制將我們的神學去猶太化的誘惑，或許能在永遠的祭司職任和彌賽亞的代求中找到最終對我們持續的耐心和行為重要的東西。這能在《新約》中最為「猶太性的」一卷書——希伯來書中找到。或許我們應該簡單地說，審判時將照着個人的行為進行。基督徒就是神將祂的靈放在裡面的人，神的靈感動祂的百姓順服於祂。在耶利米書三十一章 31–34 節這段關於新盟約的經典經文中，神將祂的**律法**放在祂的恩約百姓心中。如果將來審判的標準和現在的一樣（怎麼會不一樣呢？），那麼「無辜」或「無罪」的判決就**必須真正**意味着「無辜」或「無罪」。如果我們現在和將來的判決都被解釋為「在基督裡」，那麼就毫無理由向任何事情妥協了。我們在基督裡受審判，因為基督的義已經歸算在我們身上，在審判時我們就能夠站立在神的面前（當神現在宣佈我們「無罪」時，就**的確**預示了這審判）。

總結

福音派毫無理由去粉飾那些談到根據行為進行審判和稱義的將來方面或部分的經文。我們很清楚在《聖經》中看到神要照着他們的行為報應他們——唯有遵**行**律法的稱義（羅二 6、13）。既然耶穌來**不是**要廢掉律法，乃是要成全（太五 17–20），既然耶利米書三十一章

31–34 節**律法**將放在神子民裡面，我們就應該再次思考新約時代律法的功用。[135] 如果基督是律法的總結（**telos**，羅十 4），我們應當樂於思考律法如何在新約中發揮作用，**即使在從舊約到新約時期的救贖歷史上，律法有着巨大轉變**。要一心（沒有畏縮）地肯定保羅的觀點是毫無困難的：神必照各人的行為報應各人（羅二 6），唯有行律法的稱義（羅二 13）。如果神在歷史上所作的是要塑造和救贖一群能夠永遠榮耀和讚美祂的民族，這個民族將越來越符合聖子的形象，當然這群人會有聖靈引發的順服為印記。如果在某種神學的零和博弈中，一個人若沒有將神和人類的行為看成是互相對立的，那這個人就會肯定（1）傳統福音派對稱義的理解是因信稱義，（2）善行、順服和忠信的必要性，（3）存在稱義的將來方面，行為在其中起一定作用，（4）在審判中我們的行為是重要的。

葛富恩和布洛徹都以各自的方式討論過，雖然在救贖歷史中，律法和福音看似是對立面，並且在正典中反映出來，但是毫無必要認為律法與福音，或更普遍地認為律法與恩典和信心，**從根本上**是對立的。[136] 如果我們在救贖歷史中，或在整個聖經神學的框架中去思考，就能說：神創造的一切事物都是美好的，包括人類。人類起初是善的，本應該在神的智慧和愛中，

---

[135] 參見非常有幫助的 Rosner 2013 的新作品。

[136] Gaffin 2006: 100–103; Blocher 2001: 121–123.

在與祂更深的關係中成長。當然這被罪毀掉了。但是沒有理由認為，神的律法似乎**從根本上**是繁重的或**從根本上**與祂的善和愛**對立**。

犯罪之後，要遵守神的命令的確困難重重。但是行為和恩典不是根本對立的。我們可以像下面這樣說：耶穌基督，神的兒子，順服祂的父神。子完全地順服父：子聽從父所說的一切話，完全順服父，甚至到死的地步。《聖經》故事的中心就是此榮耀的真理，即神要使祂的百姓與聖子的形象相符，**而聖子是順服聖父的**。因此，我們有理由說，神在歷史中所作的就是使一群人越來越符合聖子的形象（順服的聖子），神在塑造一群帶着順服標記的人——**自從他們單憑信心與基督聯合之後**。正如葛富恩所寫：「在神的形象裡意味着按神造人的本意遵行祂的旨意，以信靠和倚靠對祂命令的順服活在祂的面前。」的確，「遵行神的旨意是最初在亞當裡面創造的和在基督裡恢復的神聖形象所固有的。」[137] 同樣，葛富恩寫道：「生命中帶有『信心的順服』是福音果子特定的標記，新造之人的善行（弗二 10）正是他們得救信心的表現和流露。」[138] 關於這一系列問題，或許存在一種超越奧古斯丁的解決方法，但是他提供的見解值得保留和傳播。當奧古斯丁教導說神在我們裡面尊榮祂自己的恩賜，他在指某些東西。

137 Gaffin 2006: 101.

138 同上，103。

奧古斯丁在《恩典與自由》中寫道：「若有人按那種方式思考，這是已清楚說明的真理——神為祂的恩賜加冕，而不是你的功德，倘若你的功德是出於你自己，不是出於祂。因為，如果你的功德是出於你，那麼它們就是罪惡的，神也不會為之加冕，但是如果它們是好的，它們就是神的恩賜。」[139] 在同一專著中，奧古斯丁寫道：

> 他原本可以這樣正確地說：「義的工價是永生。」但是他更願意說，**唯獨神的恩典才是永生**，好叫我們能就此明白是神帶我們進入永生，而不是為了回報我們功績，乃是出於祂的憐憫。關於祂，屬神的人在詩篇中對自己的心說：「（祂）以仁愛和慈悲為你的冠冕。」（詩一百零三4）不是為要報答善行而賜下冠冕嗎？是神在義人身上生發了這些善行，因為經上說：**因為你們立志行事，都是神在你們心裡運行，為要成就祂的美意。**（腓二13）因為我們得冠冕作為行善的報償是出於祂的慈悲，所以詩篇提到「**（祂）以仁愛和慈悲為你的冠冕**」。[140]

---

[139] Augustine 1999: 81.

[140] 同上，84；重點強調出自原著。

同樣，在某一講章中，奧古斯丁寫道：「所以當神為你的功德加冕時，除祂自己的恩賜之外，祂什麼也不加冕。」[141] 在這點上，奧古斯丁似乎特別符合《聖經》的整體見證，我們應當繼續承認，即使我們的行為終極意義上也是恩賜。**我們**行善，但是這些行為在終極意義上是源於神給我們的恩典，是出於神的工作和恩典。

我們絕不能忘記與基督聯合的至關重要性，我們將來的審判與「在基督裡」或「在祂裡」或「在蒙愛中」等的身份密切相關。我們的將來和與基督聯合相關，將我們在基督裡的身份與將來的審判隔開是毫無理由的。此處有一個平衡。我們將受審判，但我們是**在基督裡**受審判。我們作為個體的真實身份不會因為在基督裡而**丟失**了，反而因為在基督裡而**成為真正的自己**。因此，雖然我們不會因為生命中最重要的部分是在基督裡而不再是自己，但是我們必須承認，我們將來的審判只在與基督的聯合中發生。藉着在基督裡，**唯獨藉着信心**，凡屬基督的都屬我們了，神將照此審判我們。[142] 隨着本專著論點的展開，有許多重要的聖經神學問題有待處

---

[141] Augustine 1994: 201.

[142] 或許這就是啟二十 11–15 中「生命冊」對於信徒的審判是如此重要的原因。死了的人將「照他們所行的」受審判，信徒要根據「生命冊」受審判。感謝亨利 · 布洛徹在個人信件中向我展開了這條思路。

理。尤其重要的是關於亞當和他的順服，基督的順服，以及信徒隨後的順服等相關的問題，還有時常都在的已開啟的末世論（inaugurated eschatology）的議題。接下來我們將探討這些重要議題。

第七章

善行、順服與忠信的真實性和必要性

本章我嘗試將一些不同的線索組成連貫的整體。為此，我將查考一些關鍵的議題，這些議題曾以不同的方式在本專著中討論過。這些議題是：（1）在救贖歷史中，亞當的首位和「進程」在救贖歷史中的中心性，（2）基督的順服和我們的順服，（3）已經啟動的末世論問題。

亞當的元首地位

恩約與誡命之間關係的問題貫穿本書始末。我們必須設法理解神與人的回應之間的關係：神與人建立恩約關係，而人的回應包括了人對這位神的順服（善行和忠信）。在新教傳統中，尤其在改革宗中，行為之約一直是個神學問題。我的論點不是假設存在這個恩約，許多改革宗解經家和神學家已經解釋過這個問題。「行為之約」的問題將改革宗分成許多不同陣營。邁克 · 何頓（Michael Horton），馬里帝茲 · 克萊恩（Meredith Kline），馬克 · 凱伯爾（Mark Karlberg）和其他許多人認為行為之約對福音是必不可缺的（克萊恩和凱伯爾的作品中尤其如此）。其他人則否認行為之約，至少是否認它的傳統形式［例如：威廉 · 鄧布雷（William Dumbrell），但以理 · 富勒（Daniel Fuller），斯科特 · 哈費曼（Scott Hafemann）和約翰 · 穆雷］。

亞當、順服和進程在救贖歷史中的中心性

在努力解決恩約問題時，亞當的角色和順服這個關鍵問題出現了。「如果亞當順服（而非不順服），會發生什麼？」與此相關的問題是「最初的創造是『完美的』嗎？由於它已經很完美，從某種意義上說就不存在創造的發展？」我們從後面這個問題開始（關於創造的「完美」）。雖然最初的創造，包括第一對夫婦，的確是無罪無誤的，但是最初的創造不是「完美的」（假若它已經達到了它的「完美」狀態，創造物不會進步）。在此澄清：起初神所造的一切都是好的。亞當和夏娃被賦予管家的職責和創造的任命（創一 26–31）。按照神給亞當的命令就是「修理」和「看守」園子（創二 15）。人被呼召去施行主權，修理和看守園子，這樣伊甸園（想必會向外擴張到萬物）將照着神的旨意被轉變和發展。當亞當和夏娃順利完成了神託付的任命，無需過多推測，他們個人**同樣**會得到發展。

鑒於亞當、夏娃和其他創造物可能的發展，我們不得不問是否這種順服和發展會到達某種頂點或終點。真正的問題是，如果亞當順服了，對要發生的事情有什麼意義呢？亞當會經歷某種「提升」嗎？這點重要的理由在此：如果能按照《聖經》去辨別亞當是否在某種程度上有「進展」的潛能，我們就有理由認為在新約中存在「進程」——**因為基督作為第二亞當，祂所**

行的是成功的，而亞當所行的卻是失敗的。阿塔納修寫道：「人類在祂裡面得以完全和恢復，彷彿起初被造之時那樣。不，是比起初被造時帶着更大的恩典。」換言之，**起初**（墮落之先）有恩典，但我們最終藉着**更大**的恩典得蒙救贖——以第二亞當耶穌為中保。[1] 之前提到哈費曼的觀點，他認為新約在**質量**上沒有不同或更好。意即，從聖靈「更多」同在、更強烈地澆灌，或存在某種提升的能力可以遵守神的律法等方面來看，新約沒有更好。但這裡的關鍵是，我們能否在原初神人關係中發現，始祖亞當藉着順服，與神的關係得到提升（不論是在更加信靠、理解、愛、知識、辨別，還是更加蒙福和特權等方面）。如此，我們就可以說至少可能在新約中有某種相似的「提升」狀態，是根植於第二亞當耶穌的順服。

值得注意的是，這個園子的安排或關係無需從根本上被定義為「行為之約」。我也無須說恩典（如克萊恩所說）只有在違反律法時才有意義，所以（克萊恩認為）律法的安排要在先。很高興跟哈費曼和布洛徹的觀點一樣，我認為最初的創造關係就是恩典的關係。神造了人，給了他一個家，做他的聖父，供應他一切所需。然而，第一亞當確實不順服。神是聖潔和公義的，這種不順服必然會受到懲罰。我不是在此提

[1] Athanasius 1952: 385；引自 Leithart 2011: 112。

出一個功德的概念。但亞當的順服或不順服的確很重要，這一不順服會導致必然的後果，甚至我們在推測亞當順服的結果時也必須謹慎。

彼得 · 歐白恩假定新約「在質量上是更好的，由於它是刻在心版上的，不是刻在石版上的（10-11 節），是一個罪惡得到有效赦免的約（12 節）」。[2] 歐白恩認為，

新約的優越性也在於神的作為有效地帶來必要的結果。歐白恩寫道：「如今神使律法內化，即舊約所期盼的發自內心的順服。」[3] 信徒發自內心的順服是「神所成就」的。我理解歐白恩的意思，與以西結書三十六章 26-28 節（關於此點，他引用了該經文）一致，是神有效地行事，以富有主權和真實的方式激發祂的恩約百姓順服。我完全相信歐白恩也會說，是恩約百姓自己順服——即使他們順服也是因為神在他們生命中有效地工作。

布洛徹和創造之約

亨利 · 布洛徹承認行為之約。不過，和克萊恩相反的是，布洛徹樂於認為恩典存在於伊甸園中犯罪之前。克萊恩堅定地認為，神和人之間最初的關係必須是**律法性的**（非恩典的），在犯罪之前談論恩典荒謬

---

[2] O'Brien 2010: 295.

[3] 同上，298。

至極。然而，布洛徹認為神和人之間最初的恩約關係從本質上是**恩典**（我也這樣認為）。布洛徹沒有說，靠着遵守最初的禁令（「不可吃……」），人能得着什麼「報償」或「賺得」什麼。而是藉着順服，他們**維持**了靠神恩典所建立的關係，即創造之初神和人之間就有的關係。

布洛徹的立場可能和本書所討論的內容最為接近。神的恩典和善行、順服、忠信的必要性之間沒有**本質的、內在的或必然的**衝突。布洛徹曾寫道［引自麥高恩（A. T. B. McGowan）的作品］：「從先存的不配得的恩惠的意義上，我完全贊同麥高恩對『元首地位』的興趣和對**恩典**的強調，這是神為按祂形象的受造物提供的基本安排的主要特徵。」[4] 布洛徹總結說，傳統改革宗傾向於用「考驗期」這一特徵是有所偏頗的。起初有恩典，並且神已經為人提供了所需要的，而最能使他們受益的是：神自己的同在。布洛徹寫道：「伊甸園之約的益處完全是無償的；條件（一貫所認同人作為按神形象的受造物對神的倚靠）只不過就是在恩典中延續而已。」[5] 當他提到對『律法原則』和『人若行那出於律法的義，就必因此活着』的理解時，布洛徹很好地抓住了這本書的主旨。布洛徹寫道：「這不是律法主義！

[4] Blocher 2006: 255；重點強調出自原著。參看 McGowan 2005: 182。

[5] Blocher 2006: 258.

生命並不是在善行之後的獎賞，這從一開始就是恩典的禮物。此外，這亦是責任。創造之約建立了人類在神面前的責任制度。」[6] 現在我們來談談問題的核心。神和人最初的關係是律法和守律法的關係，還是其他呢？一些人［如克萊恩和凱伯爾（Karlberg）］堅決認為，最初的關係是律法的，即亞當必須靠遵守行為之約來經過一段考驗（和律法導向的）時期。然而，布洛徹認為，當我們看伊甸園中「律法的原則」時，首先看到的是恩典的關係，我們正是在這個恩典關係中去理解順服。在此，布洛徹特意提供了「恩約神學」的一種修訂形式，仔細閱讀的人會發現，他的立場會使人對教會有一種浸信會式的理解。布洛徹是在恩約中來看最初神與人的關係，並認為人的責任是必要的。不過，他仍然認為在伊甸園中神與人的關係從本質上是恩典。亞當和夏娃已經有生命，這生命是恩典的禮物。[7] 雖然布洛徹

---

[6] 同上。

[7] 對伊甸園中的屬性和恩典的深刻見解，見 Leithart 2011: 100–116。利法特總結了阿塔納修的觀點，阿塔納修認為創造是恩典的行動（因此在墮落之先就有恩典），他認為：「一切創造的事實都是屈尊的產物，所有存在都是絕對恩典的禮物」（110；概述了 Athanasius, Discourses Against the Arians 3.19）。此處沒有暗示外在主義（extrinsicism），也絲毫不認為恩典與人類生命格格不入。亞當一出現在園中，恩典就開始發生功效。創造的存在是有起源的存在，從而也是易墮落和多變的存在。本質上也必然是依靠恩典的存在（110；概述了 Athanasius, Discourses 1.16; 3.1）。

不**否認**「行為之約」，但是他發現這個術語可能有點令人困惑，像許多其他學者一樣，他更喜歡另外的術語：例如「創造之約」。布洛徹認為最初的恩約關係不是一個亞當可以藉此「賺取」生命的「行為」體制。他已經有了生命。但是在這種情況下，亞當也在道德上有責任去遵守——因為亞當被命令去遵守，於是就有一個「律法原則」在起作用。他因不順服而被逐出伊甸園。亞當和夏娃再也不能接近生命樹。布洛徹主張（我認為是成功的），亞當和夏娃原本可以享受吃生命樹的果子（顯然，它是一棵他們原本可以接近的樹，**通過**經常食用，使他們享受生命；在此沒有「吃一次就永遠受益」的神奇力量）。

這就引出了一個重要問題。如果否認行為之約，我們會失去什麼？或者說，如果肯定行為之約，我們會得着什麼？直截了當地說：如果我們否認行為之約，我們是否如某些人認為的那樣就失去了福音的核心？許多因素促使我們在此做出努力。首先，基督徒應當尋求準確理解《聖經》所教導的內容，如果《聖經》教導行為之約，我們就應當肯定這一教導。第二，如果行為之約存在，如果它是支配神與人的關係的首要事實，那麼這個解釋可能會歪曲我們對「行為」更為普遍的看法——**哪怕我們沒有意識到這個解釋如何影響了我們對行為（新約中順服和忠信）的理解**。如果我們的頭腦是用完全「行為之約」的模式來處理《聖經》，就很可能會將「行為」解釋成屬於功德、賺取、律法等領域。也同樣會想到**另一個領域**，即恩典，基督徒的自由和自主等等；在這個領域中，**善行、順服和忠信**將不（或幾乎不？）起任何有意義的作用。總之，人們頭腦中的神學「圖像」可能會影響其他神學解釋，雖然人們並不總能意識到神學圖像塑造神學思辯的方式。

麥高恩和元首地位神學

新近，麥高恩試圖通過談論「元首神學」而不是「聖約神學」提出聖約或聯盟神學（federal theology）的修訂版。他提出這個論點不是要打敗或削弱傳統的聖約神學，而是要重新定位或增強它。在約翰・穆雷（他認為沒有必要承認行為之約）的引領下，麥高恩談到了「彌賽亞的職分」，不再過分強調聖約，而是專注於行使職分的兩位「元首」亞當和耶穌身上。麥高恩認為：「這樣我們就能自由地視恩典之約為一個首要的主題，而非行為之約的對立面。」[8] 麥高恩的觀點恰好與我在本書中要解決的問題吻合。麥高恩想要論證：（1）「亞當職分」和「彌賽亞職分」，（2）在神與亞當的關係方面，**恩典**先於**律法**。換言之，他反對克萊恩，認為恩典一開始就定義了神與人之間的關係。

---

8 McGowan 2005: 179.

在麥高恩看來，《聖經》的核心是一前後連貫的恩典之約，其中亞當和耶穌是職分的「元首」，這兩個職分（亞當和基督）本質上都是恩典。

雖然我並不是在每一點上都認同麥高恩，但是我大致上同意他的觀點。在麥高恩的解釋中（我提出來是為了我自己所關注的），信徒的「行為」從來不被視作「功德」，卻總是在神和人之間恩典關係的背景下被看待（不論在舊約還是新約）。換言之，信徒的善行、順服和忠信是神和人之間恩典關係的成分。這些行為雖然不是我們和神站在一起的基礎，但是在恰當理解下也是**必要的**。

亞當被要求順服主，正如任何與神在恩約關係中的人都必須順服。第二亞當之約，即耶穌帶來的新約，當然是**更好的**約。但是它更好不是因為新約不需要善行、順服和忠信。本書的重任是要表明善行、順服和忠信確實是信心生活的組成部分——無論這信心生活是在舊約時代還是新約時代。當《新約》作者談到新約是**更好**的約時，它的「更好」始終根植於祭司「更好」的屬性（耶穌是最好的祭司），和祭物的屬性（耶穌獻上更好的祭物——祂自己）。

我的提議的好處如下：（1）使我們能肯定《聖經》關於神救贖歷史計劃的一切教導是一致的。尤其在耶利米書三十三章 14-26 節中，所有重要的聖經恩約似乎唇齒相依，它們在一個連貫的整體中互相關聯。不過，這段經文所表達的是神和人之間所立的約是一致的，而不是一個恩典之約本身。（2）從論述「恩典之約」的問題（幾乎沒有解經支持）轉移到明確的聖經恩約（諾亞之約，亞伯拉罕之約，摩西之約，大衛之約和新約）。這種努力總（在我看來）被看作是在人為地整合出一個神學模式（行為之約和恩典之約的對立），但卻**沒有**解經支持。重要的聖經恩約是**有**解經支持的。（3）它使我們能充分考慮新約之「新」。我擔心當新約被解釋為恩典之約的最新形式時，人們就不能充分考慮新約的真實性和新穎性。

元首地位和人類的轉變

基督的順服和我們的順服

將基督的順服和我們的順服聯繫起來，就能夠避免一些困難。本書一開始就注意到貝考維提出的一個問題：當我們說基督付清了一**切後**，我們再能說些什麼？我們可以並且應當說，基督徒的整個生命是**在基督裡**面的生命。我們能同時說（1）基督替我們死並且復活，為叫我們稱義（羅四25，祂付清了一切）並且（2）基督成形在我心裡（加四19），在我生命中有雖然不完美但卻真實的善行、順服和忠信。基督成形在我心裡，基督為我完全順服聖父，我裡面就起了相應的轉變，跟隨主，我**也**順服了聖父。再說一次，**我的**順服是不完全的，充滿了有罪的動機、極其不充分等等。然而，它真實有效地在我裡面發生，是由於我作為新約成員就有神的靈在我裡面。神藉着祂的靈**使**我們行在祂的道上，遵行祂的律例（結三十六 26–28）。

順服者基督

基督代替我們順服神，祂是我們完美的祭物，此點我們無需退讓——祂的代贖包括祂對神命令的**順服**和祂為我而**死**。基督已經**為**我們死，「律法的義」就成就**在**我身上（羅八 4）。基督是大寫的恩約遵守者（covenant-**Keeper**），我是小寫的恩約遵守者（covenant-**keeper**）。但我遵守恩約（1）總是不完全，充滿有罪的動機等等，並且（2）總是需要**基督完美地、始終不變地替我遵守恩約**。耶穌確實為我們受了咒詛，就贖我們脫離律法的咒詛（加三 13）。耶穌為我們受了咒詛，部分是由於將恩約的咒詛（例如申二十七 - 二十八）歸在他自己身上。舊約聖徒可能得到的任何赦罪（在申命記的例子中，生活在摩西時代的聖徒）都在神學上和**將要來的**耶穌的事工相關。耶穌是新舊約時期罪得赦免的**基礎**。然而，將舊約的赦罪和**將要來的**彌賽亞相連，就促使我們承認新約和舊約之間**質**的差異。但**質**的差異與極端的律法與福音的對比無關，而是根植於某種救贖歷史的軌跡。這軌跡在耶穌基督的事工中達到了高潮，並實現了神與以色列和教會的恩約關係。

這裡需要考慮的關鍵問題是基督自身的事工，以及如何將祂的事工和《聖經》正典的其他時期聯繫起來。也就是說，關鍵在於（1）耶穌的生、死和復活所帶來的新約與（2）《聖經》中其餘恩約的關係。在此最有前途的選項是，活在基督降世之前的人是靠神的恩典——最終是靠福音本身——而得救，但是他們是在預嘗的意義上體驗了該恩典。由於舊約信徒是在預嘗的意義上經歷恩典，所以認為該福音之先的恩典經歷是有限和初步的是有道理的。布洛徹寫道：「提前的享受不可能是完全的和自由的，不可能像基督時代那樣的完全和自由。」[9] 我們需要為此稍作補充。布洛徹描出的輪廓其價值在於我們能說（1）在舊約和新約中的人都同樣靠恩典得救，以及（2）解釋《聖經》中重點強調的非連續性（指舊約和新約），尤其是《聖經》將新約描繪成更好的約的方式。布洛徹基本上是跟隨奧古斯丁和加爾文的觀點，他認為歷世歷代的人都是靠新約恩典得救的。[10] 然而，如布洛徹指出，藉着肯定舊約信徒以預嘗的方式經歷了這個恩典——由於基督事實上還沒來，還沒有被釘十字架和復活——我們就能同時解釋《聖經》中已然而未然的動態，以及舊約中對神聖恩典經歷尚未完全的本質。[11] 如何解釋信徒善行、

[9] Blocher 2006: 261.

[10] 參看 Moon 2011。

[11] 正如 S. K. 斯坦利（S. K. Stanley）所寫，希伯來書的作

順服或忠信這個問題的核心，就在於信徒的存在和生命與信徒的**元首**或**代表**的存在和生命之間的關係。在此我們看到在更大的聖經神學框架中思考善行、順服、忠信的問題是多麼重要（例如，在整個聖經神學的背景中）。

我們承認亞當被賦予某種道德使命：「你不可吃」（分別善惡樹上的果子）；你吃的日子「必定死」。我們有一個禁令，以及違反了這個禁令後相應的後果。亞當要順服。至於如果亞當遵守了會發生什麼的問題（是否他和他的子孫將承受永生的問題）讓我們暫且擱置下。這是個重要問題，不過我們先將其放一邊，來看看什麼是毋庸置疑的事情。創世記中很明確提到神創造了第一個男人（然後是女人），亞當和夏娃有某種使命。顯然，（1）他們要順服主（創二 16–17）；（2）他們要「修理」和「看守」土地（創二 15）；（3）他們要「生養眾多」（創一 28）；（4）他們要統管整個受造物的秩序，要征服全地（創一 26，28）。簡而言之，第一對夫婦並不是簡單地盯着對方、盯着土地或草木等等。憑着已經交代他們的，亞當和夏娃要**做一些事情**。他們有某種使命。這個敘述中是否包含「行為之約」是另一個問題。但即使人們拒絕行為之約，

者「認為基督的犧牲就是在祂犧牲之先也具有救贖意義，任何時代的人的救贖在某種程度上都要倚靠基督的死。」（1995: 157；引自 O'Brien 2010: 340）

也無法否認亞當是神所造的，被神管理且有從神那裡來的道德責任和使命這個概念。第一對夫婦的順服是真實、必要，並且有意義的。

亞當和夏娃，作為神形象的承載者，藉着順服和生養同樣順服的子孫，在世人面前成為神的代表，神的榮耀和智慧將在全世界傳播。亞當、夏娃和他們子孫的順服是神的榮耀和智慧傳遍全地的關鍵因素。不必多說，顯而易見的是：**在這種情形中，亞當和夏娃的順服決不會使這些子孫的順服變得多餘**。同樣，沒有理由認為，因為基督已經替我們順服了，所以基督徒的善行、順服和忠信是多餘的。恰恰相反：基督作為我們的代表或元首已經順服聖父。我們真正（唯獨）憑信心與聖子聯合，聖子的生命成形在我身上。因此，我樂意順服，不是為了滿足某種「律法原則」，而是因為神的計劃乃是藉着形成一群祂形象的承有者，在世上代表祂，以此來榮耀祂自己。換言之，我確實要順服，並且這一順服是必要的，因為神在我裡面動工，使得我順服祂。祂將祂的靈放在我裡面，「以致」我行在祂的道中。這一順從不是為獲得功德，但卻是必須的。因為神正在實現祂的計劃，為要形成一群能給祂帶來榮耀的百姓。

對那些努力解決人類善行、順服和忠信的意義這個棘手問題的人而言，我的綱要中的關鍵因素是顯而易見的。如果我們將「行為」主要解釋為行為之約（耶穌滿足了這個約），我們大概（可能？）**因此**無法有意義地將信徒行為為什麼非常重要的問題具體化。然而，如果我們有一個救贖歷史的輪廓，其中善行、順服和忠信是真實的人類行為（雖然是被神有效地激發），這些行為（善行、順服、忠信）是神聖計劃的一部分，藉此神得着榮耀，人作為神在這世上的代表完成了他們的使命——然後，我們就有一個符合《聖經》的準確且有意義的框架去理解善行、順服和忠信。

正如葛雷格 · 畢爾對詩篇七十二篇（在他看來是追溯到創一 26–27）的註釋中提到：「王和**他的後裔**必須是神的形象，在整個被造界中披戴祂的榮耀形象。」[12] 在詩篇七十三篇的註釋中，畢爾指出：「個別的信徒和他們的行為是那更大救贖歷史運動的一部分，例如最終的審判和獎賞。」[13] 畢爾抓住了我試圖要討論的內容的核心：

> 基督在祂的生、死、和復活的遭遇所包含的模式，不僅扼要重述先前《舊約聖經》的歷史模式，也體現了將要發生在祂百姓身上的模式——例如，關於祂的受苦、作為初熟果子的復活、祂既是神子（基督徒是被收納的兒女）又是人子（也就是，亞

[12] Beale 2011: 78；重點強調出自原著。
[13] 同上。

> 當：基督徒在基督裡成為真正的人）的身分、作為列國的光、領受聖靈、守律法、從死亡中得恢復或與神和好、祂被稱為義帶來基督徒的稱義。[14]

畢爾談論大災難時說了類似的話，闡述了第一亞當（亞當）和第二亞當（耶穌）之間的關係。畢爾寫道：

> 但是，不像第一個亞當，這位末世的亞當（耶穌）將抵擋這攻擊，並且勝過邪惡的勢力。同樣，跟隨祂的人也要受這種再現的欺騙的災難，並且也要因他們認同他們當今的領袖而勝過它，這位領袖已經為他們鋪了路。[15]

完全如此。因為基督是我們的頭，我們因信心與祂聯合，所以基督徒同樣是得勝者或征服者（啟二）。基督代替我們得勝了嗎？是的。基督徒也是藉着基督得勝嗎？是的。沒有理由認為基督為我們得勝和信徒的得勝是相抵觸的。我們之所以得勝，是因為我們與得勝者聯合（單憑信心），耶穌基督是我們的頭和主。

同樣，畢爾指出，信徒也將與基督一同作王：「信

---

[14] 同上，181。
[15] 同上，189。

徒不僅是基督國度裡的臣民而已。約翰用的是『一同有份的』一詞，這強調了聖徒的積極參與，不僅是參與忍受患難，也參與在其中作王。」[16] 這並不意味着我們的統治侵犯了基督的統治。確切地說，只因祂的統治，因為信徒憑信心與祂聯合，信徒才得以統治。因此，畢爾寫道：

> 約翰看基督徒與耶穌是一體的：他們如王者般忍受試煉，是「在耶穌裡」……這種共同的身份是他們面對試煉的基礎，也是他們忍受這樣的試煉並作為王者參與國度的基礎。如果基督經歷了末世的患難，那麼，那些認同祂的人也必須經歷如此患難。[17]

從此得出明顯的推理：只因基督的順服，因為信徒靠着信心與祂聯合，所以信徒才能順服。我們的順服絕不會影響或削弱基督的順服。相反，我們順服是因為我們在最終的順服者基督裡面。對比第一和第二亞當時，畢爾寫道：「和失敗並被魔鬼所騙的第一亞當相比，最後的亞當耶穌和祂真正的跟隨者得勝了。」[18]

---

[16] 同上，208。
[17] 同上。
[18] 同上，218。

已然而未然：末世展開的事實

鄧布雷是正確的：末世論是理解整本《聖經》的關鍵。[19] 從創世記到啟示錄的核心是整本正典的末世屬性和結構。這不是說整本《聖經》在關注某個特定的「末世」情節（儘管從某種意義上，我們看到的確如此）。也就是說，從《聖經》的最初幾頁開始，我們就看到前瞻性元素是《聖經》的關鍵。所有經文都是由它所**指向**的事物構成。《聖經》是朝着一個**目標**前進的。《聖經》始於一個園子而終於一座聖城。第一亞當是君王祭司（king-priest）的象徵，隨着時間的推移，最終會有神所形成的整個祭司的**國度**。神命令如何建造第一聖殿，但是末了我們看到主神祂自己和羔羊是這殿（啟二十一 22）。這樣基本的例子多不勝數。

當我們進入《新約》時，我們發現了一個常被稱為「已然而未然」的原則。新的時代或新的時期**已經**來臨，但還並未是完全意義上的到來。換言之，通過耶穌的事工，祂的死和復活，在救贖歷史上有根本的「進展」或轉變。原則上或部分性地，「要來的世界」已經到來。但是還有更多的事情要發生。霍志恒通常被認為是這一基本見解的代表，賴德（Ladd）後來發展了霍志恒的模式。[20] 不理解《新約》「已然而未然」

---

19 Dumbrell (1994) 對此做了最全面、最有幫助的說明。

20 參見 Vos 1952 和 Ladd 1993: 66–67。

的本質和重要性，就不能理解善行、順服和忠信在基督徒生命中的重要性。《聖經》教導善行、順服和忠信是基督徒生活的一部分。因為神在基督的受死、埋葬和復活中為我們成就的事情，以及後來聖靈在信徒生命中的角色，才使得這些善行、順服和忠信成為可能。同時，當信徒成為新創造和新人，她尚未如她將來的日子那般新。信徒已經出死入生（約五 24），她仍在不斷變成聖子的形狀（林後三 18），但是她仍未完全轉變或改變如將來的樣子（林前十三 12）。因此，在善行、順服和忠信方面，信徒正是生活在《新約》核心的已然而未然的張力中。

霍志恒提出了一個正確問題。如果基督徒將來的狀態是「永久的蒙福狀態」（幾乎所有基督徒都同意這點），那麼，「主要問題是，是否這靜態的結果，即所預言永久的蒙福狀態，實際上或至少在某時刻，包括在『末世』（acherith）中。」[21] 換言之，我們能否在「末世」中看到一些「永久的蒙福狀態」？**這「末世」已經成為現在，我們如今正活在「末世」之中。**

人們不能將《新約》（尤其是保羅的）已然而未然的末世論框架與「在基督裡」或「與基督聯合」的概念分開。因此，我們看到我們**已經**復活且**如今**藏在

[21] Vos 1952: 6。「Acherith」是霍志恒對希伯來語的音譯，意思是「最後」（last），如「末世」（last days）。希伯來語是 **'aḥărît**。見同上 1。

基督裡（西三 1、3–4），但在同一段經文中，卻仍被命令「你們要思念上面的事」（西三 2）。同樣，在腓立比書中，我們讀到，我們是天上的國民（因為基督在那裡），但是我們仍然被告知要從那裡（剛剛提及的天國）等待我們的救主，耶穌基督（腓三 20）。正如霍志恒所寫：「這基督徒國度的完整呈現，中心地和潛在地紮根於天堂，這並非形同虛設的空話，而是信徒生命中最強烈、最實際的脫俗導向。」[22] 霍志恒用激昂的話結束了《保羅末世論的結構》這章的結語：「基督徒只有肢體是在地上的，這些肢體需要被治死；他自己作為一個整體，屬於高天之上。」（西三 5）[23] 在此霍志恒恰好朝着我論證的方向推進。信徒真的「與基督一同復活」（西三 1；參弗二 5–6），並且「與基督一同藏在神裡面」（西三 3）。我們是天上的國民（腓三 20）。從某種神秘意義上，我們在**那裡**，天上。霍志恒說只有我們的「肢體」仍然在地上，我們的肢體要被治死（我們可能會希望調整或挑戰霍志恒在這點上的確切表述方式）。但是霍志恒是正確的：我們已經與基督一同復活，與此同時要治死身體的惡行。他**不**是簡單說出這兩點真理，卻不說明兩者之間的關係。換言之，正如霍志恒認為的那樣，保羅肯定我們

[22] 同上，39。
[23] 同上，41。

已經與基督一同復活，並且要治死身體的行為。**並且**，正如霍志恒認為的那樣，與基督一同復活的事實是治死身體行為的基礎或動力。這個關係與霍志恒（保羅的？）已然而未然的末世論結構有着內在關聯。霍志恒指出：「通過末世論來塑造救恩論並不是僅在術語上；它是從他們自身**現實**出發，而語言僅僅是對此的調整。」[24] 如霍志恒闡明自己立場，重要的是把握他對末世論到救恩論關係的理解。重要的是，不要**簡單地**從個人主觀或內在的狀態去解釋已然而未然的末世論結構。霍志恒認為，這不單是說信徒是一個**新創造**，而是基督徒生活在一個新的**創造**之中。霍志恒寫道：「已經有一個全新的環境被創造，或更確切地說，創造了一個全新的世界，所談論的人是這個世界的居民和參與者。」[25] 霍志恒繼續寫道，「首先不是主體的內部發生了變化，當然也不排除這一點——整個周圍世界已經呈現出新的面貌和局面。」[26] 如果信徒是新的創造，而且如果信徒活在「新的創造」之中，那麼認為信徒將用一些真實但不完美的善行、順服和忠信去表明這新的特性，這難道不合理嗎？

在霍志恒看來，隨着要來的世界切入現世，我們現今將經歷到一些未來的福祉。對保羅末世論的理解

---

[24] 同上，46；重點強調出自筆者。

[25] 同上，47。

[26] 同上。

有助於我們掌握這一點。關於保羅的末世論，霍志恒指出：「一個觀點出現了，享受今世和對最終得救的喜樂期盼摻和在了一起，其中並無清楚的分野。」[27] 霍志恒繼續寫道：「保羅和他的歸信者通過某種逆轉，認為自己現在得救如同將來得救一樣。」[28] 末世論是救恩論的核心，霍志恒指出：「在使徒心中，末世論的角度具有優先權。」的確「救恩以絕對的方式被談及，彷彿它是唯一慣用觀念。」[29] 畢爾認為，許多《舊約》關於聖靈差遣的應許，聖靈賜予新生命和澆灌的應許，以及在神的子民中產生順服的應許，都起始於《新約》。事實上，在耶穌自己的事工中可見聖靈的同在：「肉身上的和屬靈的咒詛已經開始被耶穌除去了。」[30] 當然，耶穌，以及我們與耶穌的聯合才是核心。在對約翰福音二十章 21-23 節和創世記二章 7 節之間關係的註釋中（神將生氣「吹」在亞當鼻孔裡，他就成了有靈的活人），畢爾寫道：「耶穌賜給祂門徒能力，不是用肉體的生命，像亞當一樣，而是用屬靈的能力，去做亞當和其他人所未能做到的。」[31] 畢爾「創造和新創造」的主題使我們能肯定新約之**新**，而不必假設存在徹底的舊約和新

---

[27] 同上，51。
[28] 同上。
[29] 同上，53–54。
[30] Beale 2011: 569.
[31] 同上，571–572。

約的區別，因為這個區分讓人很難理解舊約聖徒如何得救。正因為救贖歷史上的進展，這個進展在耶穌個人、事工、受死和復活中達到了頂峰，才讓「新的創造」進入歷史。畢爾寫道：「正如神將生氣吹入亞當裡面，使他活了並成為第一次創造的一部分，耶穌也同樣將聖靈吹入門徒裡面，也很可能被認為是一個將他們納入新創造階段的行動，而耶穌已經藉着祂的復活開啟了這個新創造。」[32] 畢爾用了許多篇幅來討論聖靈工作的轉化性，在此沒有必要詳述他的全部論證。總而言之，我覺得是十分令人信服的。我們可能會坦言，聖靈轉化的工作是什麼樣子的？或者，應用到本書中的觀點，聖靈轉化的工作感動神的子民遵行神的話嗎？似乎這顯然是以西結書三十六章的重要內容。以西結書三十六章 27 節，我們讀到：「我必將我的靈放在你們裡面，使你們順從我的律例，謹守遵行我的典章。」換言之，聖靈至少要做的**一件**事就是有效地感動祂的百姓順服神。這不是諸如賺取功德的議題。順服神只是聖靈同在的標記。

但我要強調的是救贖歷史中「進展」或「發展」的概念。如果「末世」開始於西元一世紀（珥二和徒二）——顯然情況確實如此——那麼從那時候起信徒就活在「末世」中，應當過着有「末世」特徵的生活，

[32] 同上，572。

這是合情合理的。」畢爾寫道：「如果基督徒開始成為末世復活的受造物，那麼他們就會有復活的能力，不『容罪在（他們必死的身上）作王，……倒要像從死裡復活的人，將自己獻給神』（羅六 12-13）。」[33] 換言之，如果我們確實（已經）活在末世時代，如果末世以聖靈同在為標記（以一種增強的和「末世」的方式存在），那麼聖靈無疑是以大有能力的方式臨在。

喬納森·愛德華茲的見解：救贖工作的全面性

任何學科都一樣，包括神學，人們發現該領域的巨擘常常努力解決目前困擾大家的這個或那個問題。思考愛德華茲在《救贖工作的歷史》中提出的問題將讓人受益匪淺。該書是愛德華茲生前未能完成的巨著的「梗概」。350 來頁已非小工程了，但在愛德華茲看來，這只是他想寫的作品的梗概。它是愛德華茲「聖經神學」的概要——至少今天被稱為「聖經神學」。

特別有幫助的是愛德華茲如何談論救贖的**性質**和**目的**。愛德華茲認為，談論救贖有更狹義和更廣義的兩種方式。「狹」義（愛德華茲沒有消極使用）從耶穌受死、埋葬和復活方面談論「救贖」。廣義上，在愛德華茲看來，「救贖」之功關乎神從創造開始所作

---

[33] 同上，251。

的一切。愛德華茲寫道：「救贖之功是神從人類墮落一直到世界末了持續的工作。」[34]「救贖是對神一切工作的總結，藉此獲得並授予恩典之約的益處。」[35] 對愛德華茲而言，理解創造和救贖工作的一致性至關重要。在救贖方面，沒有「A 計劃」和「B 計劃」。神的計劃**一直**是救贖罪人，因此創造與救贖有關。愛德華茲寫道：「天堂的創造是為了救贖之功，它將成為救贖主和被贖者的居所。」[36] 換言之，創造的存在是為了救贖目的派上用場。這不是要貶低創造的事實、重要性或本質。愛德華茲的解釋指出，起初創造世界就有一個**目的**或目標／結局。部分目標就是創造應當作為被贖者的「居所」。該目標（創造應當作為被贖者的居所）反過來為更終極的目標榮耀神而服務。切入正題：從愛德華茲那裡得到啟發，從更大更廣的意義上（從創造世界開始）理解救贖，我們將發現人類的轉變（包括善行、順服和忠信）是神救贖計劃的組成部分，不是祂計劃次要的或可供選擇的「添加項」。愛德華茲認為，上帝正在建造一座聖殿，塑造一群百姓。從耶穌的受死、埋葬和復活帶來的罪得赦免這一更具體的意義上來談論救贖當然是恰當的。但是救贖之功必須被視為與神啟示計劃和旨意相關，其中包括罪人的轉變（包括真

[34] Edwards 1989: 116.
[35] 同上，115。
[36] 同上，118。

實卻不完美的善行、順服和忠信）。因此，愛德華茲寫道：

> 按照神計劃關乎普世物件（universal subject）以及世界終局的藍圖，從人類墮落到世界的末了，救贖的工作以不同的方式一如既往地展開，因該工作和全局並結局都有關聯。其展開也並非僅僅是周而復始地在不同目標上重複或更新的相同果效，而是以神眾多連續的工作和定旨服務於同一個偉大的結局和果效，都是一個計劃的許多部分的聯合，一同組成一個偉大的工作。就像正在建造的房子或殿宇，首先派遣工人，集聚材料，測量土地，鋪設地基，然後上層建築才能一步接一步地建起來，直到最後鋪設頂石，這才竣工。從廣義上解釋救贖之功，可以比喻成從人類墮落到世界末了的建築。[37]

「彷彿正在建造的房子或殿宇」：當然是依據《聖經》的比喻，由於如今基督徒是聖靈的殿。神應許要為大衛建立殿宇，我們現在正是那殿（撒下七 11；林

---

[37] 同上，121。

前三 16–17；六 19）。[38] 當愛德華茲從更廣且全面的意義上去理解救贖時，理解工作、順服和忠信就變得不那麼繁重了。上帝正在進行一個長期的建殿計劃。**最終**的殿宇當然是祂的百姓，有神住在他們中間。這座更為終極的殿宇，作為宇宙三位一體創造者的居所，隨着時間推移會成為更加符合《聖經》的神的居所，這才相稱。隨着時間的推移，我們可以預料到，作為有行動、有道德的受造物，將會以有聖靈引導和恩典驅動的善行、順服和忠信為印記。

總結

本章，我試圖探討在全書中需要更多關注的關鍵主題。首先，我嘗試弄清楚與亞當，伊甸園，以及亞當順服與不順服的本質相關的棘手問題。最好將神和亞當最初的關係看為本質上是恩典的。的確有某種「律法原則」（命令並期待順服，不順服會有後果），但是未必是行為之約（如許多人所理解的）。在某些方面，亞當應當要「提升」，正如他的順服決不會廢止他子孫和那些在亞當裡的人的道德責任，同樣，耶穌的順服絕不會廢止那些在祂裡面的人的道德責任。

第二點和第一點相關。有人提出基督是順服的那

38 參看 Beale 2004。對畢爾的評論，見 DeJong 2011: 137–146。

位，作為順服的人，他代替我們順服了。但是耶穌為我的順服並不意味着我的順服變得毫無意義。相反，基督成形在那些屬祂的人心裡，基督為祂的百姓順服，促成了那些在祂裡面的人的順服。基督是遵守律法者（Law-Keeper），**因着祂的順服，因着祂成形在祂的百姓心裡**，那些在祂裡面的人成為小寫的遵守律法者（Law-keepers）。我們的善行、順服和忠信是不完美的，充斥着不純的動機並其餘一切的污穢。儘管如此，基督成形在祂的百姓裡面，因此我們理當期待在神的百姓身上看到善行、順服和忠信。

第三，已經展開的末世論是整個議題的關鍵。在第一世紀發生了重大的歷史救贖轉變，耶穌的生活、受死、埋葬、復活、升天、得榮以及差遣聖靈。這些事件的聯繫是救贖歷史的關鍵點。末日已經開始，神的百姓正在不斷變得符合聖子的形象。但是這種轉變還正在進行，所以我們應當期待看到神的百姓經歷改變（因此，神的百姓**應當**，在某種程度上也**將會**，以善行、順服和忠信為標記）。我們活在中間時期，不應驚訝於看到神的百姓間歇性地變得符合聖子的形象。

第四，我總結了喬納森 · 愛德華茲的主要見解。如果「救贖」僅限於透過十字架上成就的事情實現罪得赦免，或僅限於救恩的初期（例如尤其是稱義），就很難充分體現善行、順服和忠信的重要性——**由於福音派熱情地（當然正確地！）致力於救贖的中心性。**

愛德華茲提醒我們，救贖從更廣意義上包括了最終聖殿的建造，神與祂已經轉變了的百姓同住。當從人類和宇宙的轉化這個更廣意義去解釋救贖（愛德華茲主張的一種理解），我們就開始看到在基督徒生命中善行、順服和忠信的恰當地位。

結語

現在是時候結束了，是時候簡明扼要地概括我的論點了。為試圖理解善行、順服和忠信在基督徒生活中的地位，我們涉及了許多方面。讓我簡要概括一下核心觀點。

第一章，我概述了《新約聖經》中一些不同的內容，在這些內容中，能夠非常清楚地看到，善行、順服和忠信是基督徒生活不可缺少的一部分。善行、順服和忠信有時是**必要的**，認真分析這種必要性很重要。認識耶穌就要順服祂；我們最終得救似乎有某種條件；基督徒必須有「得勝」作為標記；基督徒**必須**要有更高的義且能饒恕人；律法「公義的要求」將在信徒身上得到滿足；神在信徒裡面做工，讓信徒用盼望與行善來討神喜悅；似乎信徒被要求要治死肉體的行為；有時「信心」、「順服」和「行為」幾乎就是同義詞；有某種依據行為的將來的審判或稱義；有一種順服是信心的順服；我們被造是為行善；《聖經》的信心是一種透過愛表達出來的信心。所有這些部分都迫使我們試圖去理解善行、順服和忠信在基督徒生活中的中心性。

在第二章裡，我試圖完成一些事情。首先，我主張在《舊約》中有一種模式，尤其是在耶利米書和以西結書（及輔助經文）中，期待有一天會有聖靈引導和神所激發的發自內心的順服。我們發現耶利米書三十一章 31-34 節和以西結書三十六章 26-28 節十分關鍵，這些預言性的經文一致指向某一天，神的百姓將發自內心地順服主。第二，我轉向《新約》，顯示《新約》作者認為新約是第一世紀的事實，並且在耶穌的事工中已經闖入歷史。我也試圖說明，《新約》作者在許多方面明確或含蓄地涉及耶利米書和以西結書的主題——將來有一天，在神的百姓心中會有聖靈引導的、神所激發的順服。在許多方面，《新約》作者似乎假定（如若不是明確教導）這種預言性的現實在第一世紀就在起作用。

第三章，我提出了一些有關新舊約以及律法與恩典的關係的重要問題。我以過往和當代作者為對話者，討論了諸多事情。首先，談到舊約和新約，最好承認在恩約中同時有**數量**上和**質量**上的變化。與此相關，最好視基督的十字架為整個救贖歷史中救贖和赦免的源泉。因此，《舊約》信徒和《新約》信徒一樣，都是靠着神的恩典得救，這恩典在耶穌的受死、埋葬和復活中彰顯出來。既然在基督實際受死**之前**，《舊約》中的聖徒經歷了這種新約恩典，我們就應當肯定這種對神的恩典的經歷是預期的。因此，只有在基督獻上祂自己之後，信徒才能在更完全的意義上經歷新約的恩典。第二，雖然基督教正典中有着連續性和不連續性，但是我們無需假設律法與福音間極端的反差。像亨利 · 布洛徹和其他人一樣，最好認為神的恩典是貫穿整個救贖歷史的，雖然準確解釋各種連續性和不連續性的本質並不總是一件容易的事。

在第四章中，我試圖解決（1）基督的贖罪工作和（2）我們的善行、順服與忠信之間的關係。毫無疑問，十字架是我們寬恕、稱義、和好和救贖的源泉。這些真理必須被肯定。在《新約》中也有清楚的模式可以看到十字架帶來人類的轉變和成聖。換言之，福音是神的大能，為要救贖我們。我們在《新約》中可以清楚看到，十字架不**只**是我們最初進入與神的恩約關係的途徑，也是我們在聖潔中成長的源泉。這種**外在的**、**為着**我們的工作會帶來我們的轉變。耶穌為祂的百姓死，不**單**是為他們能「起初」得救。祂為祂的新娘死，因為祂所作的正在開啟一個過程，藉此新娘得以潔淨，獻回給祂——毫無瑕疵。十字架是整個救贖過程的中心——開端、延續和完成。

第五章，我認為與基督聯合是理解在基督裡的善行、順服和忠信的關鍵。和約翰 · 穆雷一樣，我認為與基督聯合是我們理解《聖經》有關救贖的整個教導的框架。談及與基督聯合，我們又觸碰到了神和人的中介的問題。當我們思考與基督聯合時，我們不得不承認基督徒的命運與耶穌的命運息息相關，不可分割。因此，雖然順服的是我，但是同時是**基督在我裡面**工作。當談到與基督聯合，我們發現既然祂成形在我們心裡，我們就具有真正順服的特徵——即使是破損、不完美的等等。

第六章，我試圖正視根據行為施行審判和稱義的將來方面的棘手問題。所有真正的新教基督徒一直都在試圖改進對**唯獨信心**的理解，並且要更好地理解和表達《聖經》的教導。例如，我們應當成為一群渴望「不斷改革」（semper reformanda）的人，但我仍然不相信唯獨因信稱義的傳統主張需要重大的革新或調整。總是有更多東西需要學習不是嗎？當然是。需要更好的方法來表達特定的《聖經》教導？毋庸置疑。但再思重要的教義和信條的意願並不意味着永無結論，也不代表當有人認為宗教改革唯獨因信稱義而非行為的認識是值得關注和肯定時，就要去武斷地否定。

同時，我們需要正視稱義的**將來**部分，稱義的將來方面與行為的關聯，並正確理解《聖經》關於根據行為得稱為義的教導。在查考了重要經文與過往和當代的學者進行詳細對話之後，我認為我們必須承認行為在審判中佔重要地位，並且行為在稱義的將來部分起一定作用。沒有理由掩蓋這些真理，我們發現在詳盡地處理這些問題上，改革宗思想家（包括加爾文）有着豐富的傳統。我試圖總結並且公允地處理 N. T. 賴特的觀點。這位資深學者有着許多睿智的見解，但是我並不同意他在這點上的觀點。闡述完這一切之後，舊的宗教改革理解的基本架構，包括加爾文的個人見解在內，仍然被證明是有幫助和令人信服的。

最後，在第七章中，我試圖把一些部分聯繫起來，並把篇幅用在一些關鍵的見解上，這些見解或許有助於將本專著面臨的許多問題串連起來。首先，我回到亞當和伊甸園的問題，以及他順服和不順服的本質。最好將神和亞當最初的關係本質上看作恩典關係。的確有「律法原則」，但是沒有必要假設在神與亞當最初的關係中有一個「行為之約」。和亨利 · 布洛徹一樣，我認為必須明白，在從舊約到新約的救贖歷史中有基本的「進展」。最好認為舊約和新約在**質量上**和**數量上**都有所不同。第二，我回到將我們的順服連於**基督的順服**的重要性。在此，又回到神和人的中介以及與基督聯合的問題，基督**為我們和替我們**順服。但不是認為基督順服了，我們的順服就是多餘的。祂的順服應當被看作是順服的源泉或來源，因為基督成形在我們心裡。第三，我認為已經開展的末世論對了解我們的善行、順服和忠信**真實**卻**不完美的**性質是十分關鍵的。第四，我採納喬納森 · 愛德華茲的觀點，他有力地論證了，在思考救贖時有「狹義」和「廣義」兩種方式。這兩種方式都是需要的。當我們認為救贖包括人類和宇宙的轉變，**當我們正確地將這種救贖根植於福音本身這個珍貴的事實**，我們就能肯定（我們應當！）基督釘十字架的福音的寶貴見解，同時充分重視《聖經》清楚的教導，即神的真子民確實會有善行、順服和忠信為標記。

參考書目

Alexander, T. D. (1994), 'Abraham Re-Assessed Theologically: The Abrahamic Narrative and the New Testament', in R. S. Hess, G. J. Wenham and P. E. Satterthwaite (eds.), *He Swore an Oath: Biblical Themes from Genesis 12–50*, Carlisle: Paternoster; Grand Rapids: Baker, 7–28.

Allen, R. M., and D. J. Treier (2008), 'Dogmatic Theology and Biblical Perspectives on Justification: A Reply to Leithart', *WTJ* 70: 105–110.

Athanasius (1952), 'Four Discourses Against the Arians', tr. J. H. Newman and A. Robertson, in P. Schaff and H. Wace (eds.), *A Select Library of Nicene and Post-Nicene Fathers of the Christian Church: Second Series*, Grand Rapids: Eerdmans, 303–447.

Augustine (1991), *Confessions*, ed. and tr. H. Chadwick, Oxford: Oxford University Press.

——— (1994), 'Sermon 333', in *Sermons* (306–340A) *on the Saints*, ed. J. E. Rotelle, O.S.A., tr. E. Hill, O.P., vol. 3.9 of *The Works of Saint Augustine: A Translation for the 21st Century*, New Rochelle, N.Y.: New City, 198–203.

——— (1999), 'Grace and Free Choice', in R. J. Teske, S.J. (ed. and tr.), *Answer to the Pelagians IV*, vol. 1.26 of

The Works of Saint Augustine: A Translation for the 21st Century, New Rochelle, N.Y.: New City Press, 70–107.

Aune, D. (1998), *Revelation 6–16*, WBC 52B, Nashville: Thomas Nelson.

Barclay, J. M. G. (2006), '"By the Grace of God I am What I am": Grace and Agency in Philo and Paul', in J. M. G. Barclay and S. J. Gathercole (eds.), *Divine and Human Agency in Paul and His Cultural Environment*, New York: T. & T. Clark, 140–157.

Barnett, P. (1997), *The Second Epistle to the Corinthians*, NICNT, Grand Rapids: Eerdmans.

Barth, K. (1962), *Church Dogmatics*, ed. and tr. G. W. Bromiley and T. F. Torrance, 4 vols., Edinburgh: T. & T. Clark.

Bauckham, R. (1993), *The Climax of Prophecy*, Edinburgh: T. & T. Clark.

Beale, G. K. (2004), *The Temple and the Church's Mission: A Biblical Theology of the Dwelling Place of God*, NSBT 17, Leicester: Apollos; Downers Grove: InterVarsity Press.

——— (2011), *A New Testament Biblical Theology: The Unfolding of the Old Testament in the New*, Grand Rapids: Baker; Nottingham: Apollos.

Berkouwer, G. C. (1952), *Faith and Sanctification*, Studies in Dogmatics, Grand Rapids: Eerdmans.

Billings, T. (2011), *Union with Christ: Reframing Theology and Ministry for the Church*, Grand Rapids: Baker.

Blocher, H. (1975), *Songs of the Servant: Isaiah's Good News*, Leicester: Inter-Varsity Press.

——— (1987), 'The "Analogy of Faith" in the Study of Scripture: In Search of Justification and Guide-lines', *SBET* 5: 17–38.

——— (2001), *La Doctrine du péché et de la rédemption*, Didaskalia, Vaux-sur-Seine: Edifac.

——— (2004), 'Justification of the Ungodly (*Sola Fide*): Theological Reflections', in D. A. Carson, P. T. O'Brien and M. A. Seifrid (eds.), *Justification and Variegated Nomism: The Paradoxes of Paul*, Grand Rapids: Baker, 465–500.

——— (2006), 'Old Covenant, New Covenant', in A. T. B. McGowan (ed.), *Always Reforming: Explorations in Systematic Theology*, Leicester: Apollos; Downers Grove: InterVarsity Press, 240–270.

——— (2011), 'Sanctification by Faith?', unpublished paper presented at Fourteenth Edinburgh Conference on Christian Dogmatics, 1 Sept. 2011.

Block, D. I. (1989), 'The Prophet of the Spirit: The Use of RWH in the Book of Ezekiel', *JETS* 32: 27–49.

Bray, G. (1983), 'The *Filioque* Clause in History and Theology', *TynB* 34: 91–144.

——— (2011), *Galatians, Ephesians*, RCS, Downers Grove: InterVarsity Press.

Bruce, F. F. (1997), *The Epistle to the Hebrews*, NICNT, Grand Rapids: Eerdmans.

Caird, G. B. (1966), *A Commentary on the Revelation of St. John the Divine*, BNTC, London: A. & C. Black.

Calvin, J. (1851), *The True Method of Giving Peace, and of Reforming the Church*, tr. Henry Beveridge, Edin-

burgh: Calvin Translation Society.
——— (1960), *Institutes of the Christian Religion*, ed. J. T. McNeill, tr. F. L. Battles, Philadelphia: Westminster.
——— (1979), *Commentary on the Gospel According to John*, tr. W. Pringle, in *Calvin's Commentaries*, 22 vols., Edinburgh: Calvin Translation Society, 1847; repr. Grand Rapids: Baker.
——— (1981), *Calvin's Commentaries*, Edinburgh: Calvin Translation Society, 1844–56, repr. in 22 volumes, Grand Rapids: Baker.
Carson, D. A. (1984), 'Matthew', in F. E. Gaebelein (ed.), EBC 8, Grand Rapids: Eerdmans.
——— (2004), '"You Have No Need That Anyone Should Teach You" (1 John 2:27): An Old Testament Allusion That Determines the Interpretation', in P. J. Williams, A. D. Clarke, P. M. Head and D. Instone-Brewer (eds.), *The New Testament in Its First Century Setting: Essays on Context and Background in Honour of B. W. Winter on His 65th Birthday*, Grand Rapids: Eerdmans, 269–280.
Clark, R. S. (2007), *Covenant, Justification, and Pastoral Ministry: Essays by the Faculty of Westminster Seminary California*, Phillips- burg: P. & R.
DeJong, B. (2011), 'On Earth as It Is in Heaven: The Pastoral Typology of James B. Jordan', in P. J. Leithart and J. Barach (eds.), *The Glory of Kings: A Festschrift in Honor of James B. Jordan*, Eugene, Ore.: Pickwick, 133–146.
Dumbrell, W. J. (1994), *The Search for Order: Biblical Es-*

chatology in Focus, Grand Rapids: Baker.
——— (2005), *Romans: A New Covenant Commentary*, Eugene, Ore.: Wipf & Stock.
Dunn, J. D. G. (1988), *Romans 1–8*, WBC 38A, Dallas: Word.
Edwards, J. (1989), *A History of the Work of Redemption*, The Works of Jonathan Edwards, vol. 9, ed. J. F. Wilson, New Haven: Yale University Press.
——— (2000), *The 'Miscellanies' 501–832*, The Works of Jonathan Edwards, vol. 18, ed. A. Chamberlain, New Haven: Yale University Press.
Engelbrecht, E. A. (2011), *Friends of the Law: Luther's Use of the Law for the Christian Life*, St. Louis: Concordia.
Frame, John (2002), 'Law and Gospel' <http://www.frame-poythress. org/law-and-gospel>, accessed 27 Apr. 2013.
——— (2008), *The Doctrine of the Christian Life* (A Theology of Lordship), Phillipsburg, N.J.: P. & R.
——— (2011), 'Meredith G. Kline's *Kingdom Prologue*', in *The Escondido Theology: A Reformed Response to Two Kingdom Theology*, Lakeland, Fla.: Whitefield Media, 151–198.
Gaffin Jr., R. B. (2002), 'Redemption and Resurrection: An Exercise in Biblical-Systematic Theology', *Them* 27: 16–31.
——— (2006), *By Faith, Not by Sight: Paul and the Order of Salvation*, Oakhill School of Theology Series, Bletchley: Paternoster.
Gathercole, S. J. (2002a), 'A Law unto Themselves: The

Gentiles in Romans 2.14–15 Revisited', *JSNT* 85: 27–49.
——— (2002b), *Where Is Boasting? Early Jewish Soteriology and Paul's Response in Romans 1–5*, Grand Rapids: Eerdmans.
Gatiss, L. (2013), 'Adoring the Fullness of the Scriptures in John Owen's Commentary on Hebrews', PhD diss., Cambridge: University of Cambridge.
Hafemann, S. J. (1990), *Suffering and Ministry in the Spirit: Paul's Defense of His Ministry in II Corinthians 2:14–3:3*, Grand Rapids: Eerdmans.
——— (1995), *Paul, Moses, and the History of Israel: The Letter/ Spirit Contrast and the Argument from Scripture in 2 Corinthians 3*, WUNT 81, Tübingen: Mohr Siebeck.
——— (1997), 'The Spirit of the New Covenant, the Law, and the Temple of God's Presence: Five Theses on Qumran Self- Understanding and the Contours of Paul's Thought', in J. Ådna, S. J. Hafemann and O. Hofius (eds.), *Evangelium Schriftauslegung Kirche: Festschrift für Peter Stuhlmacher zum 65. Geburtstag*, Göttingen: Vandenhoeck & Ruprecht, 172–189.
——— (2000), *2 Corinthians*, NIVAC, Grand Rapids: Zondervan.
——— (2007), 'The Covenant Relationship', in S. J. Hafemann and P. R. House (eds.), *Central Themes in Biblical Theology: Mapping Unity in Diversity*, Nottingham: Apollos; Grand Rapids: Baker, 20–65.
——— (n.d.), 'Faith, Hope, and Love' course notebook,

South Hamilton, Mass.: Gordon-Conwell Theological Seminary.

Hagner, D. A. (1993), *Matthew 1–13*, WBC 33A, Dallas: Word.

Hamilton Jr., J. M. (2006), *God's Indwelling Presence: The Holy Spirit in the Old and New Testaments*, NACSBT 1, Nashville: B. & H. Academic.

Harris, M. J. (1978), 'Prepositions in New Testament Theology', *NIDNTT* 3: 1170–1215.

——— (2012), *Prepositions and Theology in the Greek New Testament: An Essential Reference Resource for Exegesis*, Grand Rapids: Eerdmans.

Heen, E. M., and P. D. W. Krey (2005), *Hebrews*, ACCS, Downers Grove: InterVarsity Press.

Hodge, C. (1953), *Commentary on the Epistle to the Romans*, rev. ed. Grand Rapids: Eerdmans.

——— (1993), *Romans*, CCC, Wheaton: Crossway.

Horton, M. S. (2007), 'Which Covenant Theology?', in R. S. Clark (ed.), *Covenant, Justification, and Pastoral Ministry: Essays by the Faculty of Westminster Seminary California*, Phillipsburg, N.J.: P. & R., 197–227.

Karlberg, M. W. (2007), Review of P. A. Rainbow, *The Way of Salvation: The Role of Christian Obedience in Justification*, and R. B. Gaffin Jr., *By Faith, Not by Sight: Paul and the Order of Salvation*, *JETS* 50: 423–428.

Kline, M. G. (2006), *Kingdom Prologue: Genesis Foundations for a Covenantal Worldview*, Eugene, Ore.: Wipf & Stock.

Laato, T. (1997), 'Justification According to James: A Comparison with Paul', *TrinJ* 18.1: 43–84.

Ladd, G. E. (1972), *A Commentary on the Revelation of John*, Grand Rapids: Eerdmans.

——— (1993), *A Theology of the New Testament*, rev. ed., Grand Rapids: Eerdmans.

Leithart, P. (2007), 'Justification as Verdict and Deliverance: A Biblical Perspective', *ProEccl* 16: 56–72.

——— (2011), *Athanasius*, Foundations of Theological Exegesis and Christian Spirituality, Grand Rapids: Baker.

Letham, R. (2009), *The Westminster Assembly: Reading Its Theology in Historical Context*, Phillipsburg, N.J.: P. & R.

Lillback, P. A. (2007), 'Calvin's Development of the Doctrine of Forensic Justification: Calvin and the Early Lutherans on Relation- ship of Justification and Renewal', in K. S. Oliphint (ed.), *Justified in Christ: God's Plan for Us in Justification*, ed. K. S. Oliphint, Fearn, Scotland: Mentor, Christian Focus, 51–80.

Lloyd-Jones, D. M. (1973), *Romans: An Exposition of Chapters 7:1–8:4, The Law: Its Functions and Limits*, Edinburgh: Banner of Truth.

Luther, M. (1962), 'Two Kinds of Righteousness', in J. Dillenberger, *Martin Luther: Selections from His Writings*, New York: Doubleday, 86–96.

McCartney, D. G. (2009), *James*, BECNT, Grand Rapids: Baker.

McGowan, A. T. B. (2005), 'In Defence of "Headship Theology"', in J. A. Grant and A. I. Wilson (eds.), *The God of Covenant: Biblical, Theological, and Contem-*

porary Perspectives, Leicester: Apollos, 178–199.
Moo, D. J. (1985), *James*, TNTC, Leicester: Inter-Varsity Press.
——— (1991), *Romans 1–8*, WEC, Chicago: Moody.
——— (1996), *The Epistle of Paul to the Romans*, NICNT, Grand Rapids: Eerdmans.
——— (2007), 'The Obedience of Faith', unpublished plenary address, Evangelical Theological Society Annual Meeting, 14 Nov. 2007.
Moon, J. N. (2011), *Jeremiah's New Covenant: An Augustinian Reading*, JTIS 3, Winona Lake: Eisenbrauns.
Morris, L. (1992), *The Gospel According to Matthew*, PNTC, Grand Rapids: Eerdmans; Leicester: Apollos.
Mounce, R. H. (1977), *The Book of Revelation*, NICNT, Grand Rapids: Eerdmans.
Muller, R. A. (1985), *Dictionary of Latin and Greek Theological Terms: Drawn Principally from Protestant Scholastic Theology*, Grand Rapids: Baker.
Murray, J. (1955), *Redemption Accomplished and Applied*, Grand Rapids: Eerdmans.
——— (1959), *The Epistle to the Romans; The English Text with Intro- duction, Exposition, and Notes*, vol. 1, Grand Rapids: Eerdmans.
Murray, S. R. (2002), *Law, Life, and the Living God: The Third Use of the Law in Modern American Lutheranism*, St. Louis: Concordia.
O'Brien, P. T. (1999), *The Letter to the Ephesians*, PNTC, Grand Rapids: Eerdmans; Leicester: Apollos.
——— (2010), *The Letter to the Hebrews*, PNTC, Grand

Rapids: Eerdmans; Leicester: Apollos.

Oden, T. C. (1990), *After Modernity . . . What? Agenda for Theology*, Grand Rapids: Zondervan.

Owen, J. (1661), Θεολογούμενα Παντοδαπά, sive, De Natura, Ortu Progressu, et Studio Verae Theologiae [Theologoumena Pantodapa], Oxford.

——— (1965), *The Works of John Owen*, W. H. Gould (ed.), 16 vols., London: Banner of Truth Trust.

——— (1991), *An Exposition of the Epistle to the Hebrews: With Preliminary Exercitations*, ed. W. H. Gould, Edinburgh: Banner of Trust.

——— (2006), *The Doctrine of Justification by Faith Through the Imputation of the Righteousness of Christ Explained, Confirmed, and Vindicated*, Grand Rapids: Reformation Heritage.

——— (2007), *Communion with God*, Fearn, Scotland: Christian Focus.

Packer, J. I. (2003), 'Introduction', in J. Owen, *The Mortification of Sin: A Puritan's View of How to Deal with Sin in Your Life*, Fearn, Scotland: Christian Focus.

Peterson, D. (1995), *Possessed by God: A New Testament Theology of Sanctification and Holiness*, NSBT 1, Leicester: Apollos.

——— (2012), *Transformed by God: New Covenant Life and Ministry*, Leicester: Inter-Varsity Press; Downers Grove: InterVarsity Press.

Piper, J. (1995), *Future Grace*, Leicester: Inter-Varsity Press; Colorado Springs: Multnomah.

——— (2002), *Counted Righteous in Christ: Should We*

Abandon the Imputation of Christ's Righteousness?, Wheaton: Crossway; Leicester: Inter-Varsity Press.

——— (2007), *The Future of Justification: A Response to N. T. Wright*, Wheaton: Crossway; Leicester: Inter-Varsity Press.

Rainbow, P. (2005), *The Way of Salvation: The Role of Christian Obedience in Justification*, Milton Keynes: Paternoster.

Reinmuth, E. (1985), *Geist und Gesetz: Studien zu Voraussetzungen und Inhalt der paulinischen Paränese*, Berlin: Evangelisch Verlagsanstalt. Rendtorff, R. (1998), *The Covenant Formula: An Exegetical and Theological Investigation*, Edinburgh: T. & T. Clark.

Robertson, O. P. (1980), *The Christ of the Covenants*, Grand Rapids: Baker.

Rosner, B. S. (2013), *Paul and the Law: Keeping the Commandments of God*, NSBT 32, Nottingham: Apollos; Downers Grove: InterVarsity Press.

Ryle, J. C. (2002), *Holiness*, in J. I. Packer (ed.), *Faithfulness and Holiness: The Witness of J.C. Ryle*, Wheaton: Crossway, 91–246.

Sandlin, P. A. (2007), *A Faith That Is Never Alone: A Response to Westminster Seminary California*, La Grange, Calif.: Kerygma.

Sarcerius, Erasmus (1542), *In epistolas Divi Pauli ad Galatas et Ephesios annotationes*, ad Eph. 5:26, Frankfurt.

Schreiner, T. (1993a), 'Did Paul Believe in Justification by Works? Another Look at Romans 2', *BBR* 31: 131–158.

——— (1993b), 'Works of the Law', in G. F. Hawthorne and R. P. Martin (eds.), *Dictionary of Paul and His Letters*, Downers Grove: InterVarsity Press; Leicester: Inter-Varsity Press, 975–979.

——— (1998), *Romans*, BECNT, Grand Rapids: Baker.

——— (2001), *Paul, Apostle of God's Glory in Christ: A Pauline Theology,* Downers Grove: InterVarsity Press; Leicester: Apollos.

——— (2007), 'The Commands of God', in S. J. Hafemann and P. R. House (eds.), *Central Themes in Biblical Theology: Mapping Unity in Diversity*, Nottingham: Apollos; Grand Rapids: Baker, 66–101.

——— (2008), *New Testament Theology: Magnifying God in Christ*, Grand Rapids: Baker; Nottingham: Apollos.

Shepherd, N. (2007), 'The Imputation of Active Obedience', in P. A. Sandlin (ed.), *A Faith That Is Never Alone: A Response to West- minster Seminary California*, La Grange, Calif.: Kerygma, 249–278. Sprinkle, P. M. (2008), *Law and Life: The Interpretation of Leviticus 18:5 in Early Judaism and in Paul*, WUNT 2.241, Tübingen: Mohr Siebeck.

Stanley, S. K. (1995), 'A New Covenant Hermeneutic: The Use of Scripture in Hebrews 8–10', PhD thesis, Sheffield: University of Sheffield.

Stuhlmacher, P. (1994), *Paul's Letter to the Romans: A Commentary*, Louisville: Westminster John Knox.

Trueman, C. R. (2007), *John Owen: Reformed Catholic, Renaissance Man*, Aldershot: Ashgate.

Turretin, F. (1997), *Institutes of Elenctic Theology*, vol. 2,

Phillipsburg, N.J.: P. & R.

Vos, G. (1952), *The Pauline Eschatology*, Grand Rapids: Eerdmans.

——— (1954), *Biblical Theology, Old and New Testament*, Grand Rapids: Eerdmans.

——— (1980a), 'The Alleged Legalism in Paul's Doctrine of Justification', in R. B. Gaffin Jr. (ed.), *Redemptive History and Biblical Interpretation: The Shorter Writings of Geerhardus Vos*, Phillips- burg, N.J.: P. & R., 383–399.

——— (1980b), 'Hebrews, the Epistle of the Diatheke', in R. B. Gaffin Jr. (ed.), *Redemptive History and Biblical Interpretation: The Shorter Writings of Geerhardus Vos*, Phillipsburg, N.J.: P. & R., 161–233.

Wright, N. T. (1997), *What Saint Paul Really Said: Was Paul of Tarsus the Real Founder of Christianity?*, Grand Rapids: Eerdmans.

——— (2001), 'The Shape of Justification: A Misunderstood Term Has Caused Great Confusion in Understanding Paul and It's Time to Get It Right', *BRev* 17.2: 8, 50.

——— (2006), 'New Perspectives on Paul', in B. L. McCormack (ed.), *Justification in Perspective: Historical Developments and Contemporary Challenges*, Grand Rapids: Baker; Edinburgh: Rutherford House, 243–264.

——— (2009), *Justification: God's Plan and Paul's Vision*, Downers Grove: InterVarsity Press.

www.ingramcontent.com/pod-product-compliance
Lightning Source LLC
Chambersburg PA
CBHW020137130526
44591CB00030B/95
* 9 7 8 1 9 1 3 2 8 2 5 2 3 *